教育学の基礎と展開

［第3版］

相澤伸幸【著】 *AIZAWA Nobuyuki*

ナカニシヤ出版

まえがき

　本書は，『教育学の基礎と展開』という書名からも推察できるように，教育学に関する基礎的な知識を学ぶためのテキストとして執筆されたものである。その対象として想定しているのは，これから教育学を学ぼうとする方や，教職課程にて教師を目指そうとしている方，あるいは教育に関心を持っている方などである。しかしそのなかでも読者としてもっとも意識しているのは，高等教育機関に在籍している，教育学の勉強を始めたばかりの学生たちであり，そのため本文で扱った内容については，あまり専門的な領域まで及ぶのではなく，基本的なものを選択して説明している。

　教育学と一言で言っても，その範囲はかなり広い。それゆえとても一人で知識の全容を網羅しきれるものではなく，その記述を押し進めるならば，おのずと限界も露呈してくるであろう。そのような危惧を承知の上で，本書を執筆したのであるが，それはひとえに，筆者がすべての内容に責任を持ちたいがためである。これによって，本書で学ぶ方は，体系的で統一的な学習が可能になるのではないかと考えている。

　内容については，目次を見ていただければわかるように，教育の基本原理から現状における展開までを扱っている。とくに基本原理についてはしっかりと把握してもらいたいと思い，頁数を割いて，できるだけ平易な表現になるように心がけたつもりである。もし部分的にわかりづらい箇所があるとすれば，それは筆者の責任であり，今後の改善へ活かしていきたい。

　これからわが国における教育の状況は大きく変革するであろう。学校教育を始めとする教育・社会活動のなかで噴出してきている数多くの問題，教師の役割の変化，教員免許制度をめぐる議論など，喫緊の課題にわれわれはいかに取り組んでいかなければならないのか，教師として，親として，人間として，できることは何なのか，向かうべき先が明確にわかりにくい状況である。そのようなとき，筆者はゲーテの次のような言葉を思い出す。

「私も激しく動揺する海原を港へ向かって舵をとっているのだ。燈台の灯りがときどきその場所を変えるように見えても，私はその灯りをただじっと見つめていよう。そうすれば最後には無事に岸辺にたどり着くことができるであろう。」(ゲーテ『イタリア紀行』1787年2月21日)

　われわれ自身が揺らいでいるのか，それとも社会が揺らいでいるのかはわからない。しかしまさに疾風怒濤の時代のなかで，われわれは教育を模索していかなければならない。教育は人間の本性に根ざすものであり，原初から確認できるものであり，これからも続けられる営みである。これまでの歴史の流れのなかには，つねに変わりゆく部分と，ほとんど変わらない部分が存在する。そのような状況下では，どちらが本質的なのかということが重要なのではない。定量化しにくい教育の諸現象を，しっかりと見据えた上で学び続ける姿勢こそがわれわれには必要なのではないだろうか。

　そしてこれから教育学を学ぶさいに，本テキストを参考することによって知識の定着を図り，教育を考える契機になればよいと思っている。さらに本書にて学んだ後には，今度はぜひとも他の専門書にも目をとおすことを勧める。

　以降で記されている「本文」は，思想形成の過程にある活き活きとした言葉ではなくて，いわば筆者からアウトプットされたものであり，その意味で活動が停止している言葉である。今後において重要なのは，あくまでもそれぞれ学ぼうとする各人の省察であり，そこから何かを産出することが，人間形成の大きな役割なのである。

　本書がみなさんの教育学を学ぼうとする姿勢を支える小さな支柱になることができれば，これ以上，幸せなことはない。

2006年2月21日

相澤 伸幸

第3版改訂にさいして

　今回の第3版での変更は，内容をより理解しやすいように記述を見直すと共に，新しい教育的関心や制度変更に対応するように改めた。さらに各章の末尾には各自の自発的学修の指針となるようにアクティヴ・ラーニング課題を追加したことが特徴である。この課題は，必ずしも事後的に取り組むのではなく，講義前の事前学修にも対応できるような内容にした。

　前回2007年に大きく改訂したあと，しばらく年月がたってしまった。10年にも満たない年月ではあるが，2011年3月11日を境とする精神的断絶はあまりにも大きい。その状況において，私たちは教育をどのように語り得るのか。この問いと対峙しながらの改訂作業であった。

　その最中に思い出したのが，松尾芭蕉の言葉である。それは，弟子の其角が詠んだ発句に対する批評を，同道する去来に語った言葉である。去来にはすばらしいと思える其角の句を，芭蕉は評価しない。その理由として芭蕉は「謂ひ應せて何か有る」（言い尽くして何の意味があるのか）と言った（『去來抄』）。つまり，俳諧連歌の最初の発句では，隅々まで言い尽くしてはならないというのである。蓋し奥義であろう。

　胆に銘ずるべきことなのかもしれない。いま必要なのは，これから始まるとても長い営為の発句だということを。現代において教育を語ることがたとえ困難であろうと，語り得ぬものであろうと，まずわれわれは語り始めなければならない。しかしそれで言い尽くせるものでも何でもなく，これから連綿と続く営みの，ほんの発句に過ぎないのだと。大切なことは，言葉と行為の統一された挙げ句まで詠み続けることであり，いまはまだ発句なのであると。

　「船に乗れ！」とニーチェは語った。「われわれの船は再び出発することができる。……おそらくいまだかつて，このような自由な海は存在しなかっただろう。」（*Die fröhliche Wissenschaft*）

2014年11月29日

相澤 伸幸

目　次

まえがき　*i*

第1章　教育の基本原理 ……………………………………… 1
1. なぜ人間には教育が必要なのか　*1*
2. 教育の意味　*6*
3. 教育の役割　*9*
4. 教育の目的　*13*

第2章　ヨーロッパにおける教育の理念と歴史 …………… 19
1. 古代から中世までのヨーロッパの教育理念　*19*
2. ルネサンスと宗教改革　*26*
3. 近代ヨーロッパの教育理念　*31*
4. 20世紀の教育学　*39*

第3章　日本における教育の理念と歴史 …………………… 45
1. 古代から近世までの日本の教育観　*45*
2. 明治の日本の教育観と教育制度　*52*
3. 大正から終戦までの日本の教育観と教育制度　*58*
4. 戦後日本の教育観と教育制度　*60*

第4章　教育方法の基礎理論 ………………………………… 65
1. 教育方法論の基礎原理と歴史　*65*
2. 教育課程論の基礎原理と歴史　*74*
3. 教育実践の諸相　*81*
4. 教育技術の諸相　*90*

第5章 現代教育での展開 …………………………………… 101

1. 公教育について　*101*
2. 社会教育と生涯教育　*106*
3. 生涯教育から生涯学習へ　*109*
4. わが国での生涯学習政策　*113*

参考文献　*117*
資　料　*121*
索　引　*149*

第1章

教育の基本原理

1. なぜ人間には教育が必要なのか

　なぜわれわれは勉強しなくてはならないのだろうか？　そのような疑問をこれまで多くの人たちが抱いてきたであろう。だがそのような問いかけは，単純であればあるほど答えるのが難しいのである。実際，この問いかけに関しては多様な答えが可能であると思うが，本書ではマクロ的な視点から考えてみよう。さらに勉強だけでなく，なぜ人間には教育が必要なのかという問いにまで考察を拡大してみよう。

[1] 教育の必要性と適時性

　権力者たちはしばしば社会的隔離養育実験とよばれる，新生児を社会との接触から意図的に隔離する実験を行ったようである。古代ギリシアの歴史家ヘロドトス（Hērodotos, B.C.484頃-B.C.425頃）は『歴史』（*Historiai*）のなかで古代エジプトの王プサンメティコス（Psammetichos）の隔離養育実験について記述しているし（巻2の1），13世紀ホーエンシュタウフェンのフリードリッヒ2世（Friedrich , 1194-1250）や，15世紀スコットランドのジェームズ4世（James , 1473-1513）も隔離養育実験を行ったという記録がある。また，21世紀を迎えた今日でさえも，多くの教育学のテキストでは野生児についての記述が見られる。なぜそのような話が今日まで伝わっているのだろうか。その理由として考えられるのは，それらの話はあくまで伝聞的な記述ではあるものの，われわれに〈人間の本性〉を考える一つの契機を与えてくれるからであろう。本書でもその例に倣ってみたい。野生児の話はヨーロッパを中心に40例近く

報告されている。そのなかでも有名な2例を以下に紹介しよう。

アヴェロンの野生児

　1800年1月8日早朝（この日付を1799年とする文献もあるが，正確には1799年7月25日に一度保護されたが，8日後に逃走している），フランスのアヴェロンで人間社会から離れて育った11歳から12歳程度と推定される少年が保護された。1797年頃から村人にしばしば目撃されていたこの少年は，フランスの知識人の間に衝撃をもたらした。なぜなら，彼は文明生活から離れて暮らしていたと推測されたためである。諸民族の起源や歴史の暗闇の解明を目的としていた人間観察家協会の知識人たちを始めとして多くの学者は，このヴィクトール（Victor）と名づけられた少年を半年ばかり教育すれば，生得的人間性について貴重な知識を得られると期待した。しかしヴィクトールはいつまでも薄汚く，何事にも無関心で，誰の愛情にも応えなかった。まもなくパリの知識人たちは，ヴィクトールは知能が低いため教育できる望みはまったくないと結論づけた。

　その報告の数日後，医師になったばかりの26歳の若者イタール（Itard, J. M. G., 1774-1838）がこの少年の教育を請け負った。イタールはまずこの少年に満足を与えようとした。ヴィクトールの欲望は，睡眠・食事・無為・散歩の四つであったので，それを十分に満たしてやることで彼を落ち着かせようと考えた。次にイタールは，少年の感覚力を目覚めさせるため，とても熱い風呂に入れたり，乾布摩擦を行ったりするなどの刺激をできるだけ与えて神経の感受性を強めた。その後，おもちゃを与えたり，銀色のコップの下に隠したクルミや栗の実を発見させたり，一緒に外食をしたりと，ヴィクトールの欲望を利用しつつ生活に変化を持たせるという方針を立て，ある程度の成功を収めた。つまりヴィクトールは少しずつ社会性を持つようになった。そして最後に立てた教育目標が，聞いたことを模倣してヴィクトールが言葉を話すようにすることであった。しかしいつまでたってもヴィクトールは話さないままで，発音された言葉は単に欲求の表現としての歓喜であって，言葉となっていなかった。イタールは大いに落胆し，そこでヴィクトールへの教育は終わってしまった。その後，ヴィクトールは世話人とともに暮らし，1828年に死去した。

　イタールの師で精神医学者ピネル（Pinel, Ph., 1745-1826）はもともと，ヴィ

クトールは野生児ではなくて重度の知的障害児であると判断していたし，あるいは今日では，ヴィクトールが言葉を話せないというイタールの結論は早急だったのではないかという批判もあり，真相ははっきりしない。

カマラとアマラ

1920年，インドのコルカタに近い村ゴダムリで，オオカミ人間の噂が広まる。その話を聞きつけたシング牧師（Singh, J. A. L.）は，オオカミの洞窟から保護されたという2人の少女を引き取った。推定8歳のカマラ（Kamala）と推定1.5歳のアマラ（Amala）は生まれて間もなくオオカミにさらわれたと考えられている。シング牧師の運営する孤児院で教育されたが，アマラは1年足らずで死に，カマラは9年間生きた。当初カマラは昼間じっとうずくまり，夜になると戸外を四つ足で走り回った。発声法も知らないので，オオカミのように吠え，遠吠えをした。食べるものはペチャペチャなめ，生肉や生血を好んだという。9年間で，カマラは着実に発育したが，その精神的発達は遅々として進まなかった。カマラは4年目にして6語，7年目で45語，9年目でやっと3歳児程度の会話ができる程度だった。つまり直立歩行も言葉の使用も完全に習得できなかった。

上の話は，シングの『狼に育てられた子』やその他の文献を要約したもので有名であるが，その内容の信憑性に対して批判もある。代表的なものでは，精神分析医ベッテルハイム（Bettelheim, B., 1903-1990）は，アマラとカマラの行動の記録で判断する限り，一般に流布している野生児説を否定し，遺棄された自閉症児であるという結論を出している。また合衆国の社会学者オグバーン（Ogburn, W. F., 1886-1959）らは，アマラとカマラおよびシング牧師の死後，1951年から52年にかけて現地調査を行ったが，彼女たちがオオカミに育てられたという確かな証拠は得られず，加えていくつかの理由から，シング牧師の話が信憑性に欠けると指摘する（『野生児と自閉症児』）。シング牧師の話には矛盾も多いが，本書ではこれらの真偽については判断を保留し，教育を考える一つの契機としてアマラとカマラの話を取り上げてみた。

教育の必要性と適時性

これらの例からわかることは何であろうか。一つ目は，人間には教育が必要であるという事実である。教育学を学ぼうとする者は，最初にこの事実から出

発しなければならない。誰しも不必要なものをわざわざ行うことはないのであって，それを批判することはあるにしても，まずは教育の必要性を受け入れることから議論を始めなくてはならない。たとえば哲学者カント（Kant, I., 1724-1804）の有名な言葉として，「人間は，教育されなければならない唯一の被造物である」「人間は教育によって，はじめて人間となることができる」「人間は，人間によってのみ教育される」という言葉を残しているが，これらは教育の必要性を的確に表現している言葉である。

そして二つ目は，人間の発達，それもとくに精神的な発達にさいしては，適切な時期（時機）と内容を考慮しなければならないことであり，これは教育の適時性とよばれている。脳などにおける発達時期を表す臨界期や敏感期，あるいは心理学者ハヴィガースト（Havighurst, R. J., 1900-1991）の指摘する発達課題という考え方も同様のものである。人間として生まれてきたとしても，適切な時期に適切な内容を教育しないことには，その後の発達に支障をきたすのである。上記の例は，たとえ同じ教育内容を教えるにしても，異なる時期に教えたのならば，その影響はまったく違った形で現れることを示している。カマラは9年間学習してもなぜ3歳児程度の会話しかできなかったのか，それを解くカギはここにある。さらにカマラの例に関しては，次のポルトマンの生理的早産の考えも参考になるので紹介してみよう。

[2] 教育の必要性の根拠

スイスの動物学者ポルトマン（Portmann, A., 1897-1982）は，人間以外の動物がほぼ完全（成体）に近い生得的能力・本能を備えて誕生してくることに注目した。逆に人間の新生児の場合，他の動物と大きく異なることの一つは，自力で生きることができない不完全な状態で生まれてくることである。つまり生まれたばかりの人間の赤子の場合，人間の種としての特徴である直立歩行や言語の使用ができるまでの1年間は，自力で生存できない未熟な状態である。動物とは異なり，赤子は自分一人の能力で生き続けることはかなり難しいのにもかかわらず生まれてくる。これをポルトマンは，「子宮外胎児」「生理的早産」と名づけた（『人間はどこまで動物か』）。

人間が不完全な状態で生まれてくることは，はたして人間にとって不利益な

ことなのであろうか？　一見すると無意味に思えるこの未熟性も，たとえばデューイ（Dewey, J., 1859-1952）は次のように言う。

　未熟性（immaturity）の〈未（im）〉という接頭語は，たんなる空虚（void）あるいはたんなる欠如（lack）を意味しているのではなく，何か積極的なもの（something positive）を意味している。（『民主主義と教育・上』74頁）

これに続く「未成熟は積極的な力（force）あるいは能力（ability），──成長する力（the power to grow）を意味する」という記述は，消極的に捉えがちな不完全や未熟という概念を，積極的に考えていこうとする力強さがある。そして逆にデューイは成熟という概念に対し，「〈完成された〉成長，すなわち不成長，もはや成長することのなくなった何ものかを意味するもの」として捉え，消極的な見解を示す（『民主主義と教育・上』75-76頁）。

人間以外の動物は本能を中心に行動し，その生活能力はそれ以上の発達を望むことはできない。しかし人間は不完全であるがゆえに，その不完全さを教育や学習によって補おうとするのである。つまり，人間は不完全な誕生によって無限の可能性や多様性を得る。これは教育による可塑性を意味しており，教育の必要性を根拠づける一つの事例である。ポルトマンやデューイだけではない。彼らから影響を受けたゲーレン（Gehlen, A., 1904-1976）は，人間を本能の退化した欠陥生物であると言い，さらにその意義を深めていった（『人間』）。これらの論調は，遡るとドイツの文学者で思想家のヘルダー（Herder, J. G. v., 1744-1803）に行き着く。彼は，人間が本能の強さと確実さの点で動物にははるかに劣るということは確かであると指摘する（『言語起源論』）。そうした欠如を補うために，人間は「文化」を作り出した。そのため文化は，人為的に作り出された自然という意味で第二の自然と定義されることもある。

この第二の自然とは社会化されることでもある。すでに古代ギリシアの哲学者アリストテレス（Aristoteles, B.C.384-B.C.322）が「人間はその自然（本性）においてポリス的な動物である」（『政治学』1253a2）と述べており，ここでの「ポリス的」という言葉が「政治的」や「社会的」と訳されたりするのである。近いところでは新カント派のナトルプ（Natorp, P., 1854-1924）も同様に，人

間は人間社会によってのみ人間になると主張し，個人とは物理学のアトムと同様に一個の抽象であり，人間はまず個人として存在して後に他人と共に社会のうちに入ろうとするものではなく，この社会なしにはけっして人間とはならないと主張している（『社会的教育学』）。このように，人間存在を社会と結びつけて考える一方で，人間を歴史的存在であると考えるディルタイ（Dilthey,W., 1833-1911）などもいる。

　これまで教育の必要性についていろいろとその根拠とされることを述べてきた。だが，そもそも教育とはどのような意味なのか，それをまだ考えない上でのことであった。そこで次は，いったい教育とはどのような意味なのかを語源的に説明してみよう。

2．教育の意味

[1] 教と育の字義

　われわれがよく慣れ親しんでいる「教育」という漢字は，見てのとおり「教」と「育」から成り立っている。それぞれの由来について，最近では甲骨文字や金文（きんぶん）の研究をふまえた説も出ているが，ここではわが国最大の漢和辞典である諸橋轍次の『大漢和辞典』（1943-60）を繙きながら考え始めよう。

　まずは「教」について。教は「爻（コウ）」と「攴（ボク）」から構成されており，爻は一説によると學の古字であり，下からならうことを意味している。さらに爻は，「まじわる」「まねる」「ならう」を意味する「爻（コウ）」と，子どもを意味する「子」からできており，これによって爻は，子どもが動作などをまねる，あるいはならうという意味を持つようになった。そして攴は，「軽くたたいて注意する」「鞭で打つ」「軽くたたく」という意味を持つ漢字で，上から施すことを言い表している。

　爻と攴の合字である「教」という漢字の意味は，軽くたたいて習わせるというのがそもそもの意味であり，そこから，子どもを良い方向へと導く，知識を授けるという意味が形成されてきたという。つまりこの教という漢字一文字だけで，大人が子どもに教え導く，あるいは子どもは大人から習うという関係性が表現されていることになる。

ちなみに,『大漢和辞典』では「教育」を「をしへそだてる。教へて知識を開く。導いて善良ならしめる。又, 其のをしへ。教養。」と説明しているが, ここで使われている「をしへ」という言葉は, どちらかというならば日本固有の意味であり, 語源的には「をし（愛し・惜し・慈し）」から派生している。そこには, 子どもに対する愛情の念がうかがえ, 漢字出自の教とは違った一面も持っている。その事実を端的に表現しているのが山上憶良（660-733頃）の歌であり, これについては第3章で紹介している。

　次に「育」について説明する。育は「云（トツ）」と「月（ニク）」から構成されており, 云は子が上下逆さまになった形であり, 母の胎内にいる状態や胎内から出てくる様子を表している。そして月は, 肉を意味しているので月日のツキではなくニクと読む。

　云と月の合字である「育」という漢字の意味は, 赤子が母親から生まれてくる様子を表しており, それに加えて「そだつ」「はぐくむ」といった今日でも用いられる意味が形成された。このように, 育は母親と子どもとのつながりを表した漢字である。

　教と育が合わさった一種の熟語としての「教育」を最初に用いた人物は, 孟子（B.C.372頃-B.C.289頃）であるという説が一般的である。

　　孟子曰く, 君子に三つの楽（たのしみ）あり, 而して天下に王たるは与（あずか）り存せず。父母倶（とも）に存し, 兄弟故（事）（こと）なきは一の楽なり。仰いで天に愧（は）じず, 俯して人に怍（は）じざるは, 二の楽なり。天下の英才を得て之を教育する（得天下英才, 而教育之）は, 三の楽なり。君子に三つの楽あり, 而して天下に王たるは与り存せず。（『孟子』巻第十三「尽心章句上」）〔孟子がいわれた。君子には三つの楽しみがある。しかし天下の王者として君臨することは, そのなかには入っていない。父も母もそろって健在で, 兄弟姉妹みな無事で息災（達者）なのが, 第一の楽しみである。仰いでは天に対して恥ずかしいことがなく, 俯しては何人に対しても後ろめたいことがないのが, 第二の楽しみである。天下の秀才を門人として教育し, これを立派な人物に育てあげることが, 第三の楽しみである。君子には三つの楽しみがある。しかし天下の王者となることは, その中には入っていない。〕（小林勝人訳注『孟子』）

当然『孟子』は日本にも古くから伝わっていたが，「教育」という言葉が一般的に使われだしたのは江戸時代以降だと言われており，それ以前は，〈まなぶ〉という意味では，学ぶ，手習い，学習，修練，修養，修業という言葉が，〈おしえる〉という意味では，教訓，教化,教導，教授という言葉が使われることが多かった。また，中国最古の字典である『説文解字』には『孟子』よりさらに古い「教育」の使用例が載っているが，不明な点も多い。

[2] educationの字義

『孟子』からわかることは，教育という言葉の意味が2300年以上前と現在とではあまり変わっていないということである。なぜなら，教育はそもそも人間のもっとも根源的な行為の一つであると考えられるためであり，そのため教育の歴史は，洋の東西を問わず古い。そこで今度はヨーロッパでの「教育」の字義について考えてみる。

紀元前6世紀から5世紀の古代ギリシア時代，教育を意味する語はパイデイア（paideia, 動詞 paideuō）である。これは「子ども」を意味するパイス（pais）を語源としており，パイデイアの意味は「子どもを育てること，訓練と教えること，教育」であり，また「教育の成果」も意味していた。

現在使われている英語のエデュケーション（education）やフランス語のエデュカション（éducation）の基になった単語は，ラテン語のエデュカティオ（educatio, 動詞 educo）である。これは「引く，持ってくる，導く」を意味する ducere(duco)に，「外へ」を意味する接頭辞e（＝ex）がついた語であり，「能力を外へ引き出す」ということを意味している。これはドイツ語のエアツィーウング（Erziehung）も同様で，er「内から外へ」＋ ziehen「引き出す」というのが基本となっている。つまりeducationを始めとした「教育」を表す欧米語のもともとの意味は，人間（これは生徒でもよいし，自分以外の者全体を指す）の能力を引き出すことを助けることであり，それが教育の原義であり，それは教育学を学ぶ上で忘れてはいけないことの一つである。

また参考までに，ドイツ語では「教育」と似た意味を持つビルドゥング（Bildung）という語もある。これは通常，「人間形成」や「陶冶」と訳されるもので，近現代の教育学の理論的基礎になった概念の一つである。Bildungと

いうのは，キリスト教での「神の似姿」を意味するビルド（Bild）から派生した言葉であり，英語に翻訳するとformationという語になるが，教育学ではそのままBildungとして使われることが多い。そして教育を学問対象とする教育学は，英語でpedagogicsやpedagogy，フランス語でpédagogiqueやpédagogie，ドイツ語でPädagogikやErziehungswissenschaftと表現される。それ以前には，教授学（didactic）という言葉もあった。

3. 教育の役割

　教育の必要性についてはこれまで述べてきたとおりであるが，その前提を受け入れた上で，次に教育の機能・役割とはどのようなものなのかを考えてみよう。そうすると，われわれは「文化の伝達」と「発達の助成」というキーワードにたどり着く。シュプランガー（Spranger, E., 1882-1963）はさらに「覚醒」も教育の重要な機能として指摘するが，ここでは前二者についてその意味を検討し，また「発達」という概念についても確認したい。

[1] 文化の伝達
　文化の伝達としての教育を示す言葉として，culture（ドイツ語ではBildung）がある。cultureは「耕す，栽培する」を意味するラテン語のコロ（colo）から派生しており，われわれがよく知っている「文化」という意味以外に「教養，洗練，訓練，修養」「耕作，栽培，飼育，養殖」という意味もある。つまり，cultureは自分自身を耕すこと，自己形成・人間形成を意味する言葉であり，精神的な色彩が濃い。もちろん「文化」という意味もあり，そのため教養と文化という語はきわめて親和性の強い言葉である。
　文化財あるいは陶冶財の伝達（財運動）が，人間に教育的作用をもたらすきっかけとなり，相続遺産として次世代へと伝えていく。「財」とは「我々に対し価値あるものなるが故に財であり」（篠原助市『歐洲教育思想史・下』289頁），このような教育的財論は教育的価値論に高まっていく契機をはらんでいる。その教育＝人間形成によって，人間は人間となり，また共同体の一員となる。発達というと一般に肉体的な側面だけが思い浮かぶが，これも精神的な意

味の発達である。第1節でも述べたが，これは重要な教育の前提である。

　文化の定義はさまざまなものがあるが，文化人類学では文化を最初から人間だけのものと考えているので，動物の文化を考慮あるいは包含するような考えはしない。文化をヒト以外の動物にまで広げていくのは，生物学や自然人類学の立場である。たとえば自然人類学での「文化」の定義例としては，「集団の多くのメンバーによって共有され，世代から世代へと，社会的に伝達される情報で，たんに異なる地方的環境条件に対する適応ではないもの」(西田利貞『人間性はどこからきたか』172頁)というものなどがあるが，教育学においてどちらかというと文化人類学的立場をとることが多い。

　　文化とは人間性の実現にほかならないと考えられる。広義における人間の行為が文化を産みいだす。文化はこの意味において人間の作ったものであり，この点においてそれは自然から本質的に区別せられる。さてそうすれば，教育は人間を作り，そして人間は文化を作る，という連関が成立して来なければならなくなる。文化の根柢には教育が横たわっているのでなければならない。(木村素衞『美の形成』213頁)

　チンパンジーの脳の容積は現生人類ホモ・サピエンスに比べて小さい。それゆえ，いくら進化しても人間にはならない。そもそも遺伝的に完了しているので環境的な変化が起こらない限り大きな変化はないと言われている。しかし，初期の人類であるアウストラロピテクスの脳はチンパンジーと同じくらいの容量(500ml)であったし，あるいはネアンデルタール人(ホモ・ネアンデルターレンシス)の脳はホモ・サピエンスと同じ1500mlであった。この違いは何なのだろうか。自らの行動により，自然的存在から文化的存在になること，これが人間化であり，道具をたとえ器用に使ったとしても，自らの文化を持つには至らない。自ら道具を作り，火を利用し，そして言葉によってコミュニケーションをとり，社会化する過程が必要なのである。これが文化の伝達につながるのであり，教育の大前提である。われわれホモ・サピエンスが生き残った理由は不明だが，教育の力がその一因であるだろう。

　しかし教育は，単なる文化あるいは知識の伝達だけで終わらない。教育では

個々の人間に対する発達を助成することも大事な役割である。そこで次は発達について考察してみる。

[2] 発達の助成

一般に発達とはどのような意味なのかをまずは確認してみる。『広辞苑（第6版）』の「発達」の項には次のように説明されている。

①生体が発育して完全な形態に近づくこと。②進歩してよりすぐれた段階に向かうこと。規模が大きくなること。③個体が時間経過に伴ってその心的・身体的機能を変えてゆく過程。遺伝と環境を要因として展開する。

これが辞書的な意味であるが，教育学ではおもに③の内容で使われることが多い。さらに過程として表される発達は二つに分類される。

一つ目は，自然的過程としての発達である。これは生物学的メカニズムに基づいた有機体としての発達のことであり，遺伝の影響を大きく受ける。さらに遺伝による発達過程は成熟（maturation）とよばれる。

二つ目は，文化的過程としての発達である。これは言語の獲得や道具の使用のように社会的関係のなかで育つことを言い，環境の影響を大きく受ける。さらに環境による発達過程は学習（learning）とよばれる。

発達をめぐる学説では，この発達がどのような因子に依存するのかという論争がおもに発達心理学の領域であった。たとえば，発達が単因子に依存するという学説の代表者として，ゲゼル（Gesell, A. L., 1880-1961）とワトソン（Watson, J. B., 1878-1958）がいる。ゲゼルは成熟優位説を唱え，人間の発達におけるあらゆる面が先天的（遺伝的）な成熟の法則にしたがうと主張した。ある程度成熟しない限り学習は効果を得られないと考え，そのような学習が成立するための内的な準備性をレディネス（readiness）とよんだ。一方，ワトソンは学習優位説を唱え，人間の諸形質は環境や経験の影響を受けるので，すべての行動は学習によって形成されると主張した。

また，発達が両因子に依存するという学説もある。シュテルン（Stern, W., 1871-1938）は輻輳説（二要因説）を提唱し，発達の因子として遺伝と環境の

両因を折衷して加算的に考えた。また、ジェンセン（Jensen, A. R., 1923-2012）らは相互作用説（環境閾値説）を主張し、遺伝と環境の両因は相互に影響し、加算的以上のものが生まれると実証的に主張した。

そして注意しなければならないのは、とくに人間の子どもの発達の場合の特異性である。人間の子どもは、自然的物理的環境のなかに生まれてくるだけではなくて、先行世代の人々によって築き上げられてきた文化的人間的環境のなかに生まれてくるので、環境と一言で言ってもさまざまな要因を重層的に考える必要がある。

[3] 発達と学力

一般に人々は、子どものときは発達を重視し、しだいに年齢が上がると学力重視になる。教育学では発達と学力という二つの観点の指標が混在しており、たとえば代表的なものとして知能指数（Intelligence Quotient）や到達度診断などがある。われわれがよく耳にするIQは知的能力を数値化したものであり、もともと「IQ＝精神年齢（Mental Age）／暦年齢（Chronological Age）×100」の計算で求められた。その平均値は100であり、85～115の幅には全体の約68%、70～130の幅には約95%の人が収まる計算になる。現在も使われているIQの定義式は若干変更されて、ウェクスラー式では以下のようになる。

$$IQ = \frac{テスト得点 - 所定の年齢で期待される平均得点}{所定の年齢の標準偏差} \times 15 + 100$$

前節の補足となるが、一緒に生活する一卵性双生児と二卵性双生児を比較対照することで能力や知能に及ぼす影響を、遺伝的な要因、共有環境、非共有環境の三つの観点から研究する学問として、行動遺伝学（Behavioral Genetics）がある。ここで非共有環境とは、恋人の有無やけがなどによって価値観が変わったなどの個人的な要因を指す。その行動遺伝学よると、IQの遺伝率は約0.2～0.4、つまり20～40%の確率で遺伝する。あるいは100メートル走の速さに関する遺伝率は0.8～0.9であり、これほど遺伝の割合が大きいということは才能が必要ということである。絶対音感は0.1～0.2である。そのため、絶対音感はどんなに両親に才能があっても、3歳頃から訓練を始めなければその才能

を引き出すことができないと言われている。

　そして注意しなくてはならないのは，認知能力に対する遺伝の影響は1歳から20歳までの間に約40～65％の間で変動するという報告である。つまり遺伝による影響は絶えず変化しているので，一概には結論づけられない。また男女の差はわずかである。アメリカ合衆国の追跡調査では，子どもの頃のIQは成人してからのIQと関連しないという報告もなされている。

　以上のことは，主として発達に関することであるが，一般的には学力に関する興味関心が高いのが現実である。しかし，その学力にもいくつかの意味があり，大きく分けると二つに分類される。

　　①到達度としての学力…学習してどこまで能力が到達したかを表す指標。学んだ成果を示している。
　　②潜在的な学力…知識を蓄積していき，そこからどれだけの能力を導くことができるのかを表すもの。問題解決力，学ぶ力，最近接領域など。

　また，教育の柱として，「徳育」「知育」「体育」（現在は食育というものも言われるようになった）が語られることもある。そのさい，現代は知育中心で徳育がないがしろにされているなどといった批判も多く出ている。しかしそれは，知育の側からすればゆとり教育の弊害で教育がおろそかであると言えるだろうし，体育に関しては，体力が衰えているという指摘にもなる。学力論争が叫ばれる今だからこそ，教育学を学ぶ者はその背景や意味を慎重に考えて，総合的に判断してほしい。

4．教育の目的

[1] 行為と目的

　人間が何か「行為」を行う場合，そこには，ある行為者の内面的な要素，すなわち意志，志向，意欲，意図などが背景として考えられるのであり，それは自然界の出来事と異なる部分である。そのため，われわれが行為について考察しようとするならば，なぜそれを行為するのかというその背景にある「目的」

をも同時に考える必要がある。つまり，行為は何らかの目的活動として捉えることもできるのであり，行為という概念の基礎構造としてその中核に目的性を置くこともできる。このような考え方は一般に目的的行為論とよばれているが，この目的的行為論では，その行為自体についての評価や価値を判断する場合，結果や過程と同様にその背景にある目的を重要な判断材料とする。ときには行為そのものよりも，目的の評価によってその行為の価値判断が下されることもある。もちろんカントのように，行為の正しさをその目的や価値から判断する考え方ではなくて，普遍妥当な道徳法則（定言命法）を行為遂行の基本原理とする考え方もあるし，一方で，すべての行為に自覚的な目的があるわけではないこともまた確かである。たとえば呼吸のように，われわれが明確な目的意識を持たず，本能にしたがって無意図的に行っている行為もある。意識作用の関与なしに神経系を介して行われる反射運動や本能などについてはともかく，もっと極端に考えて，目的がない行為がもしかしたら存在するのかもしれないが，ここではそこまで考えずに論を進めていきたい。

[2] 教育における目的と目標

教育においては，目的（purpose/Zweck）と目標（objective/Ziel）のどちらも頻繁に使われるので，まずその意味について確認する必要がある。以下『広辞苑』より引用してみる。

> 目的…①成し遂げようと目指す事柄。行為の目指すところ。意図している事柄。②意志によってその実現が欲求され，行為の目標として行為を規定し，方向づけるもの。
> 目標…目じるし。目的を達成するために設けた，めあて。的（まと）。

『広辞苑』での記述量から判断すると，「目的」の方が圧倒的に説明の分量が多く，また並記されている派生語も多い。しかし日常会話でわれわれは目的と目標を明確に区別して用いているのかと問われれば，あまり強く断言することはない。それほど両者の違いをあらためて説明することは難しい。

だが，いくら目的と目標について説明するのが難しいと言っても，先ほど指

摘したように，両者とも頻繁に使用するためか，教育学では比較的区別して用いられる。必ずしも厳密ではないが，一般に言うと次のようになるだろう。

　目的…一般的な規定や理念等を述べるさいに用いられる。また概念的で抽象
　　　　的な意味で使用される。
　目標…より具体的な内容のものが示される。あるいは，理念的な目的を詳細
　　　　に補足するさいなどに用いられる。

　教育関連の法令などにおいても，最初に規定や言及されるのは法の目的についてであり，その次に目標が示されることが多い。あるいは，学校などの実際の教育現場で子どもの直接的な活動について言及するさいに使われるのは目標である。具体的で目指すべき方向としてわかりやすい目標を示された方が，子どもや教師は把握しやすく，その実現に向けて集中力を維持したり，能力を発揮したりすることができる。ここで早合点して，それならば教育において必要とされているのは目標であって，目的については軽視してもよいのかというとそうではない。前節で説明したとおり，行為の背後には目的があり，目的はその行為の基礎構造の中核をなしているのであるから軽視できない。それならば，とくに教育行為の目的的性格とはいかなるものなのであろうか。

[3] 教育行為の目的的性格

　以上のことを考え合わせ，教育という行為について考えてみたい。一般的な教育の行為は，目的や目標を持った活動であると捉えられ，その場合，手段や結果だけではなく目的や目標も含めた全体の枠組みのなかで考えることもできる。そして教育では目的と目標が明確に区別されている。もちろん，それらとは異なる一過性の偶然的な教育行為もあり，現実的には臨機応変の対応が求められることも多いが，そうした目的・目標を伴わない行為論について本書では扱わないこととする。なぜなら，教育の理念においては規範や実現しようとする価値など当為的側面が強く，目的や目標はあらゆる教育に不可欠な前提となっているからである。

　さらに教育は理論と実践を性格上融合するものであるため，目的や行為とい

う性質と親和性が高いことも特徴である。つまり教育学は，その学的性格上，理論と実践の二つをけっして切り離すことはできず，その行為（実践）において意味や目的等に無自覚でいることは困難である。

　　実践はそれに先立つ純粋理論の後ろからの応用―自然科学と技術との関係―ではなくて，実はあらゆる理論の以前に，つねに既に教育現実ないし実践が存在している。しかも，この教育現実の中には意味付与と目標設定とがつねに既に含まれている。（岡本英明『解釈学的教育学の研究』4頁）

また第2次世界大戦後，日本の教育に求められたのは，問題解決型の教育であった。そこには，学習は単なる知識の詰め込みではなく，つねに日常的現実の問題の解決を目指して行わなければならないとするデューイらの教育哲学が背景にあった。デューイは子どもの「成長それ自体」が教育の目的であり，それ以外に目的はないと言う。そして人間の日常生活は，問題解決のための努力の連続であり，一つ一つの行為は，何らかの目的を達成するためのものであり，特別の目的を意識していない行為のように見えても，何かしらの目的を持っていると述べている。

　　目的や目標の意味は，自明なものであっても説明を要しないというようなものでもない。それら目的や目標の教育上の重要性が強調されればされるほど，その目的とは何か，その目的はどのようにして生じたのか，またその目的は経験のなかでどのように機能するのか，といったことを理解することが一段と重要になってくる。（『経験と教育』106頁）

そして教育的行為と一言で言っても，そこには理想的側面と現実的側面の二つが含まれている。教育行為という言葉から現実的側面ばかりに注目するのではなく，理想的側面にも目を向ける必要がある。その理想的側面とは，人間とは何か，教育とは何か，教師とはどのような存在か，教育はどうあるべきかといった，人間の普遍的で規範的な部分を強調したものであり，洋の東西を問わず，時代を超えて，問い続けられている。

教育学（pedagogy, Pädagogik）は，もともと語源的に「子どもの指導」を意味し，当面する教育的課題の解決を直接の目的として，教育する立場にある者の教育的関心と思慮を理論化し体系化したものである。したがって教育学は，本質的に「実践的」であり，「教育者中心的」で，「規範的，当為的」な性格をもつ。（和田修二『教育的人間学』16頁）

　しかし近年，学ぶ目的や目標を見失ったり，見いだせなかったりするために，学びから逃走する子どもたちが少なくない。学習の場面で直面している，いわば教育的ニヒリズムを受け止めて対処するためにも，今後は教育における理論や実践，目的や目標などの関係性を，教育学の観点から意識的にそして積極的に捉え直し，臨機に対応することが必要となるであろう。

アクティヴ・ラーニングのために
❶ 人間が何かを伝えていくことと動物が伝えていくことでは，どのような違いがあるのか，具体的に考えてみる。
❷ 私たちは，なぜ，いま学ばなければならないか考えてみる。
❸ 教育基本法や学校教育法などの関連法規における目的や目標を調べてみる。
❹ 英語や漢字以外での「教育」を意味する言葉の語源を調べてみる。
❺ 「教育」「学校」などを自分たちなりに定義してみる。

# 第2章
ヨーロッパにおける教育の理念と歴史

1．古代から中世までのヨーロッパの教育理念

[1] 人間とはどのようなものか

　ヒトは動物である。それゆえヒトと動物には生理的欲求や本能など共通する部分もあるが，異なる部分も当然存在する。生物学では，たとえばDNAレベルでヒトとチンパンジーとの相違は，かつては1.23％と推測されていたが，今では予想以上に大きく，かつ遺伝子のうち80％以上で生産されるタンパク質の機能に何らかの相違を生じていることがわかっており，今後の研究でよりはっきりするであろう。本節で着目しようとしているのは，そのような生物学的相違というよりも文化人類学的な相違である。例としては，火，道具，言葉，文字などの使用，あるいは理性などが挙げられるが，これらの相違は，人間とは何かという問いの答えとしても利用されてきた。それも古代ギリシア以前からである。たとえばキリスト教的人間観などに代表されるホモ・レリギオスス（Homo religiosus，宗教を持った動物），道具を用いてものを制作する点に注目したホモ・ファーベル（Homo faber，道具を使う動物），人間と動物の大きな違いである言葉に着目したホモ・ロークエンス（Homo Loquens，言葉を使う動物），オランダの歴史家ホイジンガー（Huizinga, J., 1872-1945）が命名したホモ・ルーデンス（Homo ludens，遊戯人）等々がある。それ以外の定義にも，パスカル（Pascal, B., 1623-1662）の『パンセ』（*Pensées*, 1670）にある有名な「人間は考える葦である」など，それこそ無数にある。

　そのような人間をめぐる問いかけは，そもそも古代ギリシアに端を発する。人間を知ろうとする試みは，同時に教育を知ろうとする試みでもあった。それ

を順次説明しようと思っているが，まずは教育的活動の場となった古代ギリシアのポリスについての説明から始めよう。

[2] ポリスの成立

ギリシア各地に紀元前9から8世紀にポリス（Polis，都市国家）が誕生し，紀元前5から4世紀に最盛期を迎えた。ポリスとは政治あるいは軍事的な点で互いに地盤や機能を持つ地域が一つの共同体を作り，それぞれが政治的に独立した国家として存在する統治形態である。多いときでその数は植民地を含めて1千を超えたとも言われており，その領地の広さに応じて人口にも幅があり，その存続をかけて互いにせめぎ合っていた。

基本的に古代ギリシア人にとって教育とは，一人ひとりが教養を身につけることであった。そして教養とは専門的な知識などではなく，ポリスの一市民としてよりよく生きるために必要な知恵であった。そのように，古代ギリシアではあくまでも個人としてではなくポリスの一員として振る舞うことが求められたのであり，考え方の中心はポリスである。そのようなポリスのなかでも代表的なものとしてスパルタとアテネがあり，その教育システムは対照的である。

スパルタ

ドーリア人の建設したスパルタの教育は，伝説の立法者の名を冠したリュクルゴス（Lykurgos）という社会制度によって確立された。スパルタでは強健なものだけが教育の対象とされ，7～18歳まで国家による共同訓練が行われた。というのも，人口の半分以上を占める被征服民（ヘイロタイ）による反乱に悩まされていたため，特権的身分である市民の団結を重視した教育が求められ，幼少の頃から厳しい訓練が行われた。これがいわゆるスパルタ教育である。また，女性は健康な子どもを産むために体育などが厳しく課せられた。なおスパルタでは教師という職業はなく，成人が後輩の指導にあたっていた。

アテネ

もう一方のアテネ（アテナイ）は，ペルシア戦争（B.C.490-B.C.479）で大国ペルシアに勝ってからギリシアにおいてその地位を強めていった。イオニア人の建設したアテネは，貴族政から僭主政を経て民主政をとるようになっていたが，ペルシア戦争に勝ったことでその政治的な方向性に確信を持つようになり，

市民の自由を尊重する姿勢を示した。それゆえ教育は国家が強制するのではなく，自由に委ねるべきであると考えていたようで，スパルタとは対照的であった。アテネもまた奴隷制を基盤としていたもののその割合は他のポリスに比べ低かった。最盛期の全人口は15万から30万人（そのうち市民は約4万人）と推測されており，領土も例外的に広大であった。

当時，子どもに付き添って子どもの世話をするのは，パイダゴーゴス（paidagōgos, 教僕）とよばれたおもに奴隷階級のなかでも教養のある者の仕事であった。彼らは奴隷といっても，厳しい条件を満たした市民でないだけである。男子はその教僕の監視下に置かれて読み書き計算や体育や音楽が教育され，女子は家庭で学んだ。しかし，アテネがペロポネソス戦争（B.C.431-B.C.404）でスパルタに敗れてから，その勢いは衰退していった。

[3] ソクラテス，プラトン，アリストテレス

古代ギリシア人は，前節で見たように，小規模の都市国家であるポリスのなかで生活している以上「ポリスの市民としてよく生きる」ことを生活の基本とした。そして善にして美なる調和的なイデアの世界に理想を求め，理想的人間像としてカロカガティア（kalokagathia, 善美）なる人間が価値を有しており，教育の目標とされた。またそのさい，「節制，勇気，知恵，正義」の四徳も重視された。

ソフィスト

ペルシア戦争の後，アテネでは「人間は万物の尺度である」と言ったプロタゴラス（Protagoras, B.C.485-B.C.415頃）などのソフィスト（sophist, 知者）とよばれる教養のある者たちが出現した。アテネでは直接民主制の下，自由闊達な議論が行われており，そのような状況においては門閥や金権よりも人望・才能・手腕が重視されたのである。ソフィストは「何を語るか」ではなくて「いかに語るか」を人々に教えたため，弁論術・修辞学が発達した。しかしそれらは，ものごとの本質や真理を追究するものではなく，論争で相手に勝つことのみが主眼とされたため，しだいに詭弁と化していった。そのため，ソフィストは詭弁家と揶揄されることもある。

ソクラテス

このようなソフィスト全盛の時代に，彼らの手法に疑問を抱いていたのがソクラテス（Sokrates, B.C.470頃-B.C.399）である。ソクラテスは他のソフィストと異なり，人間の生き方の普遍的原理を求めた。ソクラテスのとった手法は，自らの「無知の知」を自覚しつつ，相手と問答しながら自分と相手を吟味省察する方法であり，これは問答法とよばれる。また，自分では何も生まないが相手が知を生み出すのを助けるので，彼の母親の職業になぞらえて助産（産婆）術ともよばれた。しかし多くのソフィストから恨みを買い，若者を堕落させた罪で死刑になった。

プラトン

ソクラテスの弟子がプラトン（Platōn, B.C.427-B.C.347）である。彼はその後のヨーロッパの思想全体に影響を与えた哲学者であり，有名なイデア論を唱えた。イデア論とは，理性で捉えられる永遠不滅の完全な存在（idea）をあらゆるものの本質であり真であると考え，われわれが感覚で捉える現実の個々の事物はイデアの影とする世界観である。イデア界と現実界を設定する二世界説はキリスト教の神の国と地上の国という考え方と結びついて広まった。

彼の教育論は理想国家を論じた『国家』（*Politeia*, B.C.375前後）で体系化されている。その国家を作る上で重視されたのが教育であり，統治者–軍人–生産者という階級ごとにそれぞれが本分を守ることが重要と説いた。彼の教育論の中心は統治者たる哲人をいかに育成するかという教育方法や内容である。それは，優秀な人材が幼い頃から統治者候補として集められ，年齢を上がるにしたがって次々と選抜されていき，最後の一人が哲人王となるシステムであった。下層階級の多くは，倫理的能力が未熟で欲望に左右される存在であるために最初から期待されていない。他にプラトンは人材育成にも努め，アテネ近郊のアカデメイアに学園を創設した。

アリストテレス

そのアカデメイアで学んだプラトンの弟子が，アリストテレス（*Aristoteles*, B.C.384-B.C.322）である。彼は師プラトンの考え方から多大な影響を受けつつも，その説に疑問を投げかける。アリストテレスは幸福な生活を重視し，哲人王のように欲望をすべて捨て去ることができる人間をはじめから想定しな

い。プラトンの教育論はあまりにも理想論すぎて実現できていないし，これからもできないと考えていた。アリストテレスは「人間は本性的にポリス的動物（politikon zōon）である」という有名な定義を基調とした「国制に向けての教育」をまず『政治学』（*Politica*）で主張し，一人の王のための教育ではなく，ポリスという共同体の構成員全体の教育を現実的に考えた。さらに，それぞれの個人が身につけるべき道徳を善い習慣によって身につけていくという教育思想を『ニコマコス倫理学』（*Ethica Nicomachea*）では主張した。

その他，アリストテレスはさまざまな自然研究も行ったので「万学の祖」と評され，アレクサンドロス大王（Aleksandros, B.C.356-B.C.323）の家庭教師としても知られる。またアカデメイアに対抗してB.C.335に学園リュケイオン（Lykeion）を設立し，彼の一派はペリパトス（逍遙）学派とよばれる。

[4] **ローマの教育**

B.C.753建国のローマは，古代ギリシアのやや後塵を拝していたものの，しだいに力をつけていった。古代ローマの考え方は父権性の強いものであったため，父親が子どもに教育を授けていた。しかし，B.C.2世紀頃から教養人の育成を目指したギリシアの教育思想や制度を取り入れるようになり，学問の進歩が大きく進んだのである。

七自由科

学問の進展が進むにつれ，その内容はいくつかのまとまりを持つようになった。プラトンの『国家』では文芸と幾何学の必要性を説くくらいであったが，古代ローマの頃になると代表的な科目として，文法（gramatica），音楽（musica），天文（astronomia），幾何（geometria），算術（arithmetica），修辞学（rhetorica），弁証法（dialectica）という七つにまとまっていき，これが七自由科（septem artes liberales/seven liberal arts）として成立するようになった。今日ではリベラル・アーツと言えば教養科目のことを指すのであるが，リベラルという言葉は，古代ギリシア人のように肉体労働から解放された自由人のあり方を模索した結果であり，〈人を自由にする〉あるいは〈自由人にふさわしい〉という意味が思想的源流として込められている。奴隷を多く抱えていたために肉体労働をしなくてもよく，そこで得た自由なる時間に教養を身につけて自己修養する

のである。その内容に実利性や職業性や専門性を志向することはなく、そのため実学的な学問と対立する。

キケロとクインティリアヌス

　古代ローマでの代表的な教育家を挙げるならば、政治家でもあり雄弁家でもあり哲学者でもあったキケロ（Cicero, M. T., B.C.106-B.C.43）がいる。彼は雄弁家の教育を目指し、彼の書いたラテン語の文章はラテン文学の規範とされた。また、散文家で修辞学者であったクインティリアヌス（Quintilianus, M. F., 35頃-100頃）は、全12巻の『弁論術教程』（De institutione oratoria, 95頃）という指導書を著し、幼児期からの一貫した知徳統一の教育の必要性を説きつつ、道徳的にも善く博学で雄弁な「完全な弁論家」（orator perfectus）の育成を目指していた。彼ら二人は、その後のルネサンス時の教育研究に大きな影響を与えている。

　ギリシアに代ってローマ帝国が支配領域を広げると、それまで以上のより多くの民族を包摂する必要が出てきた。それがコスモポリスとよばれる世界帝国へとつながり、そのさいにキリスト教が新たな倫理的基底となり、神への信仰がヨーロッパ人にとっての道徳的規範となった。キリスト教では、人間は生まれながらにして罪を背負っているとされ（原罪）、人間の有限性を自覚しつつ神の前で罪や過ちなどすべての赦しを請うことを説いた（贖罪）。

[5] 中世ヨーロッパの教育理念

　古代・中世・近世と時代を区分することについての賛否はあるが、本書では便宜上、476年のエリュル族の王オドアケル（Odoacer, 430頃-493）が、まったく形骸化していた西ローマ帝国皇帝ロムルス・アウグストゥルス（Romulus Augustulus, 460-511以降？）を廃位に追い込んだことによる西ローマ帝国の滅亡から、1453年の東ローマ帝国（ビザンティン帝国）の崩壊や1492年のコロンブス（Columbus, C., 1446頃-1506）のアメリカ大陸発見までを中世（middle ages）とよぶことにする。1千年あまりの長い年月の間に、ヨーロッパではいくつかの変化の兆しが現れてきた。たとえば、社会経済の分野では、開墾の進展、騎士の誕生、城砦の建築、村の建設、領主制の発展などが挙げられるし、精神生活の分野でも、神の平和運動、十字軍などがあった。そのなかでも教育

史として重要な変化は四つあった。

聖職者学校

　第一に，聖職者の学校の発達である。ラテン語学校などのような学校システムは古代ローマ時代から存在していたが，それが中央のみでなく地方へも根づいてきた。各地の拠点になったのは修道院であり，中世の修道院ではラテン語文献の筆写などが熱心に行われ，筆記と学問の専門機関（scriptorium）を維持していた。修道院学校（monastic school）が田舎の学校であるのに対して，司教座聖堂付属学校（cathedral school/Domschule）は都市の学校であり，それらが中心となって教育の拠点を形成していった。古代ローマ時代の七自由科は，言語に関連する三科（trivium…文法，修辞学，弁証法）と数学などに関連する四学（quadrivium…算術，幾何学，音楽，天文学）に分けられた。また12世紀までの教育は，修道院や大聖堂と結びついて，聖書の注解と釈義に基礎を置いた範例を示すことであった。

大　　学

　第二に，大学の誕生である。人々が都市に集まり活況を呈してくるようになると独自の市場が形成され，文法や公証学や法律を教える学校が生まれた。そしてしだいに，修道院や司教座聖堂付属学校とは異なる教育機関，すなわち大学がヨーロッパ各地に自然発生していった。もともと大学はウニヴェルシタス（universitas）とよばれる，教師と学生が互いに結びついてできた諸集団だった。10世紀頃にイタリアのボローニアに法律学校ができ（一説には1088年），またサレルノ（ナポリ）の医学学校など大学の前身が設立され始めた。これが最古の大学である。1096年からの十字軍の影響などで，この高等教育の発達という教育潮流はヨーロッパ各地に伝わり，各地に大学が開設された。フランスのパリ大学（1150-1170年頃），イギリスのオックスフォード大学（1096-1185年頃）とそこから枝分かれしたケンブリッジ大学（1209年頃）などもこうして誕生した。大学で教えられる知識あるいは方法はスコラ学とよばれ，これはラテン語のスコラ（大学，scola）から由来する。

市民教育

　第三に，大学と並行して市民教育が誕生した。結局，都市が発達するにつれ，市民は教育を求めるようになっていった。その要求はしだいに大きくなり，と

くに商業都市の発展と共に商業者の子弟のための学校が現れた。第一で述べた聖職者学校とは違い，これは世俗の学校であり，学問が聖職者や貴族階級だけのものでなく，一般市民階級へと開放されていったのである。富裕層の出現により，市民学校でも上流と下流とに分かれるようになり，たとえばイギリスの私立の全寮制学校パブリック・スクール（public school）などが上流の市民学校の一つとして出現した。

騎士の教育

　第四に，新しい身分階級である騎士（Knight）の出現と彼らの教育の誕生である。10世紀に封建制が完成したのだが，それによって騎士階級が生まれた。彼らはそれまで教育の主役であった聖職者たちとは異なる教育体系を築き上げた。主君に仕えたり上流階級の作法を学んだりする時期（7～13歳）や，騎士の基礎技術を学ぶ時期（14～20歳）など，21歳で騎士として独り立ちするまで教育が行われた。

　以上，中世の教育思想全体を見てみると，やはり中世はキリスト教における人間形成論がすべてであり，それ以外のことは思いも寄らなかった。たとえば1077年のカノッサの屈辱（神聖ローマ帝国皇帝ハインリッヒ4世がローマ教皇グレゴリウス7世に破門の恩赦を請うた出来事）に示されるように，キリスト教が絶対的支配力を持っていた時代にあって，その影響は現代では想像もつかないくらいだろう。それが雪解けのようにしだいに変化することが，中世から近代への幕開けであった。

2．ルネサンスと宗教改革

　聖書における人間形成を詳しく見ると，それは「神の似姿」（imago Dei）という考え方に行き着く。これは，天地創造のとき神が人間を作るさいに，神自身の容姿に似せて人間を作ったという話が基になっている。神は全知全能で人間の未来も含めすべてを予見していると人々に考えられていた時代が長く続いたが，中世を過ぎた頃，人間の自立・自律が試みられるようになってきた。それが近世の特色であり，その近世は二つの大きな出来事から始まる。

[1] ルネサンスと教育

中世では新しいものは忌み嫌われる傾向があった。またキリスト教では、神の知である学問をお金と引き換えに教える教育活動を好ましいものとはなかなか思われなかった。しかし新しい神学者や知識人を中心とした教育の動きがしだいに出てきた。そのきっかけとなったのは、「再生」を意味するルネサンス（Renaissance）と宗教改革（Reformation）運動である。

今日、ルネサンスはいくつかに類型化されている。8世紀末から9世紀にかけてのカロリング調ルネサンスや、古代ラテン文化への回帰運動である12世紀のルネサンス、そしてブルクハルト（Burckhardt, J., 1818-1897）以来一般的になった15世紀から17世紀のルネサンスなどがある。12世紀のルネサンスの頃はまだラテン文化のみで、古代ギリシア文化への視線はないが、15世紀から17世紀にかけてのルネサンスは、ギリシア・ローマの古典文化の復興運動であると言うことができる。キリスト教だけではない基準が設けられ、異教徒であるアリストテレスの言う批判的機能を持つ懐疑の方法の必要性が認識されるようになってきたのである。

ルネサンスの黎明期には、地獄篇・煉獄篇・天国篇の3篇から成る『神曲』（*La Divina Commedia*, 1307-21）を著したダンテ（Dante Alighieri, 1265-1321）を始めとして、豊富な古典教養を持ったペトラルカ（Petrarca, F., 1304-1374）、ダンテの理解者で『デカメロン』（*Decameron*, 1348-53）の著者ボッカッチオ（Boccaccio, G., 1313-1375）などの活躍が、フランスやドイツやネーデルランドなど各地の文化運動に先鞭をつけた。

ルネサンス期ははじめ、ペトラルカに代表されるようにラテン語などの古典言語の学習が中心で、古典教養を重視していた。このような文化的運動あるいは哲学の特徴は、人間性（humanitas）を重視したため人文主義（humanism）とよばれ、教育に新しい風を送り込んだ。

エラスムス

ルネサンス以降の新しい思想潮流のなかで活躍したのが、『痴愚神礼讃』（*Encomium Moriae*, 1511）で有名なオランダ出身のエラスムス（Erasmus, D., 1469頃-1536）である。彼はルネサンス期最高の知識人であり、不滅の天才とまで評された。彼は教育に関して『学習方法論（合理的な教授）』（*De ratione studii*, 1511）など膨大な著作を残し，その主張も理念的なものから実践的なものまで幅広いものであった。彼によって提示された教育原理としては，人間の教育可能性，子どもの教育に対する親の責任，遊びをとおしての学習，教師に求められる力量についてなど，どれも新しい時代を予感させるものであった。いずれにも共通するのは，自由人にふさわしい教育という理念であり，エラスムス自身，それを体現していた。

トマス・モアとヴィーヴェス

エラスムスと1499年以降一生交流を続けたのが，イギリスの思想家であり大法官（官僚の最高位）のトマス・モア（More, T., 1478-1535）である。彼は空想の国民を描いた『ユートピア』（*Utopia*, 1516）を著し，そこで若干の教育についても記述した。

同じ頃，後にオックスフォード大学の教授にまでなったスペインのヴィーヴェス（Vives, J. L., 1492-1540）は『学問論』（*De Disiplinis*, 1531）で，キリスト教的な人類愛を説きながらも経験的で体系的な教育を重視する姿勢を見せた。

モンテーニュ

フランスのモラリストであるモンテーニュ（Montaigne, M. E. d., 1533-1592）は，父親からエラスムス式の進歩的な早期教育を受けた。彼の教育論は生涯書き続けた『エセー（随想録）』（*Essais*, 1580-1592）全体で述べられており，何より精神の広さと内的自由を求める。世界や人間は予測しがたいので，教育において肝要なのは，独自の見識と判断を身につけることであると考えていたので，知識が多いだけの博識であるよりも道徳性や判断力の養成を第一とした。そして教育内容としては哲学と歴史を重視したので，あらゆるときにあらゆる場所での教育を提唱した。彼の考え方は，ベーコン（Bacon, F., 1561-1626）やロックやルソーに影響を与えた。

［2］宗教改革と教育

ルター

ルネサンスと同じく，時代に大きな影響を与えたのが宗教改革である。きっかけは，お金儲けなどの経済的活動を忌み嫌っていたはずのキリスト教内部でも，贖宥状の販売などが行われるようになり，その他の問題も蓄積してカトリ

ックの腐敗として批判されるようになったことである。そこで一連の改革の運動が行われるようになったが，そのなかでも有名なのが，ドイツの宗教改革者ルター（Luther, M., 1483-1546）であった。彼は大学で教鞭を執っており，救済は「信仰によってのみ」（sola fide）可能であることを主張し，1517年に大学の聖堂の扉に論題「95箇条の意見書」を掲げた。彼は聖書を唯一の権威と考えたので，それぞれが聖書と向き合えるように聖書をドイツ語に訳した。

　ルターの協力者が「ドイツの師」（Praeceptor Germaniae）とよばれたメランヒトン（Melanchton, Ph., 1497-1560）である。彼は，多くの綱領的著作や組織者としての活動，大学教育に及ぼした影響など，ヒューマニズムを代表する教育家である。彼によって教育においても宗教と人文主義が結合されていったのである。また，フランス生まれのカルヴァン（Calvin, J., 1509-1564）はスイスにおける宗教改革運動の指導者となり，プロテスタントに寄与した。

　ルターもカルヴァンも教育を重視した。カルヴァン主義はイングランド国教会と対立したピューリタンへと受け継がれ，純粋にカルヴァン主義を信仰する者だけの国を作ろうとしてアメリカ大陸に渡り，すぐさま牧師養成のための神学校を作った。これがハーバード大学の前身となった。

ラトケ

　ヨーロッパでは，カトリックとプロテスタントの対立が続き，各地で弾圧やそれに抵抗する争いが起きていた。

　ドイツの教育改革者であるラトケ（Ratke, J. W., 1571-1635）は，1612年に皇帝選挙のためフランクフルトに集まった諸侯に教育計画を建白したが，その内容は統一的国語（ドイツ語）と統一的政治と統一的宗教（ルターの新教）によるドイツ統一を平和裡に行うことであった。彼の教授法はいくつかの概要にまとめられたが，特徴的なのは教育を合自然の原則，つまり強制なく自然の秩序と歩みにしたがって子どもの性格を助成し，記憶を強め，判断力を敏感にする方法を提示した。

コメニウス

　さらに，ラトケの意図を包括的に体系的に展開したのがコメンスキーともよばれたコメニウス（Comenius, J. A., 1592-1670）である。彼はヘルボルン大学で神学を学んでいるときにラトケの教育思想に触れている。やがて，宗教改革

以降の抗争である30年戦争（カトリック勢力のハプスブルグ家とプロテスタント勢力のドイツ諸侯との抗争）を機に祖国チェコを追われていたが，それ以来ずっと亡命生活を送り，最後はイギリスで死去した。

彼の教育原理を体系的にまとめたのが，1657年に出版された『大教授学』（*Didactica magna*, 1657）である。そのなかで体系的な教育学を提示し，パンソフィア（Pansophia）という統一的な知識体系を主張した。また，子どもは善性を持っており，本来の人間となる基礎をその本性に持っているので，教育の任務はそれを開発発展させることだけだと主張した。自然は飛躍しないで段階的に進行すると考えていた彼は，具体的学校形式として単線型の学校体系を構想しており，1～6歳は母親学校（Schola materna）として家庭による教育を，7～12歳は母国語学校（Schola vernacula）によって感覚・想像力・記憶力の養成を，13～18歳まではラテン語学校（Schola latina）によってより深い学芸の習得を，19～24歳まではアカデミア（Academia）によって判断力の育成をそれぞれ目指した。

さらに，コメニウスの教育観を教材化したのが，世界で最初の絵入り教科書『世界図絵（可感界図示）』（*Orbis sensualium pictus*, 1658）である。そこでは，文字による説明の他にも，事物による直観教育（Anschauungsunterricht）が背景になっており，単なる絵本ではない。これについては第4章で詳しく説明する。

[3] 17世紀

上で見たルネサンスや宗教改革，あるいは産業革命を経て，17世紀の近代になると，新たな教育観が形成されてきた。17世紀は大体系と方法の時代であり，世界の本質を普遍的法則と考え，あらゆる領域で客観的で自然的な秩序・法則を求め，それを基にして，あらゆるものの合理的・計画的な組織化と体系化を目指すようになった。

教育の領域においても，国家による学校の設立，経営が推進されただけではなくて，計画的組織的な教育が人々の強い関心となる。エラスムスやラトケやコメニウスの教育思想が人々に影響を与えており，多くの人を教育するだけではなく，首尾一貫した体系の教育をすることによって，個人も社会全体も向

上・発展すると考えた。しかしこれは方法の面のみに限定され，教育目的は依然として宗教的信仰の桎梏から逃れることはできなかった。

イギリスのジョン・ロック（Locke, J., 1632-1704）は哲学者あるいは医師として，ホッブズ（Hobbes, T., 1588-1679）とヒューム（Hume, D., 1711-1776）の橋渡しをしたイギリス経験論の代表者である。彼の教育思想は『人間知性論（人間悟性論）』（*An essay concerning human understanding*, 1689）や『教育に関する考察』（*Some thoughts concerning education*, 1693）などで知ることができる。『人間知性論』で提示した〈タブラ・ラサ（tabula rasa，人間白紙説）〉はとくに重要で，人間において経験に先立って存在する知識はなく，すべての知識や概念は経験を通じて獲得されていくものであり，つまり生まれたばかりの人間は何も描かれていない白紙（タブラ・ラサ）の状態だと主張した。また『教育に関する考察』で彼は，子どもを理性のある動物として捉え，徳と分別と育ちと学びを重視した性格形成こそ教師の仕事であるというイギリス紳士への教育論を展開した。これはモンテーニュのフランス貴族の子弟の教育論と対比されることも多く，子どもの教育をテーマとした点でルソーの『エミール』（*Émile, ou de l'éducation*, 1762）への影響も大きい。ただし，子どもを理性以前の段階と考えたルソーは，ロックを批判している。

またロックは，1690年の『統治二論』（*Two treatises of government*）において王権神授説を否定し，モンテスキュー（Montesquieu, C. d., 1689-1755）に影響を与えた。そのモンテスキューは自由主義的な思想を展開し，『法の精神』（*De l'esprit des lois*,1748）によって三権分立を唱えてフランス絶対王政を批判し，フランス革命に大きな影響を与えた。

3．近代ヨーロッパの教育理念

[1] フランス啓蒙主義

第1章でも述べたが，教育学では古くから遺伝的なのと経験的なものではどちらが教育の要因となり得るのかという点が議論されてきたが，経験的なものが絶対的であるという論調は，ヒュームやロックなどのイギリス経験論者の特色であった。

この考え方は，出自や先験的なものを重視していた当時の思想に大きな衝撃を与え，コンディヤック（Condillac, E. B. d., 1715-1780）などをとおしてフランス啓蒙思想に影響を及ぼした。啓蒙（enlightenment）とは，理性の光で自分や社会の蒙昧な部分を照らすというのがもともとの意味であり，つまり自分で考えていくことである。啓蒙思想が現れたきっかけは，科学的知識の進歩と関係している。科学的思考は普遍的な性格を持つものであると考えられ，因果法則や機械論によって，効率よく近代の学問を発達させてきた。啓蒙思想は主知主義あるいは合理主義とも言い換えられ，科学的理性を基調とする啓蒙主義は全ヨーロッパ的運動へと発展していった。それ以前の神の予定説の支配する世界観のなかでは，人間の自律性あるいは自立性などは考慮されていなかった。啓蒙思想が目指したのは，予定説的な世界観からの脱却であり，〈人間の進歩〉という仮説の提示であった。〈進歩〉についての言説は，とくにフランス啓蒙思想家のもっとも得意なテーマであった。生活，社会，政治，哲学，芸術，科学，道徳，そのいずれにも普遍的な法則性があり，それは理性や合理性によって堅牢に守られており，それが人間の〈進歩〉であった。そしてその成果の一つとして挙げられるのが，ディドロ（Diderot, D., 1713-1784）やダランベール（d'Alembert, J. L. R., 1717-1783）らによる『百科全書』（*Encyclopédie, ou Dictionnaire raisonné des sciences, des arts et des métiers*, 1751-1772）の刊行である。

　18世紀における啓蒙思想が教育学に与えた影響はかなり大きい。それどころか，啓蒙思想を経ることによってはじめて，教育学は何らかの学問の単なる付随的な学としてではなくて，独自の概念定義や固有の原理を用いた，考察もしくは批判に耐え得る学問として自律性あるいは自立性を獲得できたと言っても過言ではない。

[2] ルソー

　ルソー（Rousseau, J.-J., 1712-1778）はフランス啓蒙思想を継承しつつもその枠を越え，独自の思想を多岐にわたって展開し，教育学にもっとも大きな貢献をした。デビュー作でもあるアカデミーの当選論文『学問芸術論』（*Discours sur les sciences et les arts*, 1750）では，文明の生んだ学問や芸術が人間本来の自由に矛盾すると指摘したのを皮切りに，『人間不平等起源論』（*Discours sur l'origine et les fondements de l'inégalité parmi les hommes*, 1755）では文明批評家として，『新エロイーズ』（*Julie ou la Nouvelle Héloïse*, 1761）では文学者として，『社会契約論』（*Du contrat social*, 1762）では政治思想家として，『エミール』（*Émile, ou de l'éducation*, 1762）では教育思想家として活躍した。『エミール』は全5巻から成り立っており，エミールという想像上の男の子を誕生から結婚するまでどのように育てるのかについて描いている。

『エミール』冒頭の，「万物を創るものの手をはなれるとき，すべてはよいものであるが，人間の手にうつるとすべてが悪くなる」という文章は有名であり，このような主張の背景には，自然人（自然性を持つ自由な人間）はそれ自体で絶対的存在であり，その存在特性として，社会人（後天的な社会の制度や慣習といったものを認める相対的存在）に対する批判の意味が込められていた。われわれ人間は本来，自然人であるはずだが，近代社会では社会人にならざるを得ない。この矛盾あるいは不幸を克服できる力を持っているものこそが，彼の考えた〈教育〉なのである。

ルソーの提示した近代教育思想の主要原理は四つある。①子どもの発見，②自然の教育による消極教育，③経験主義・直観主義，④性善説であるが，それぞれの詳細については，第4章で記述しているのでそちらを参照していただきたい。この業績ゆえ，ルソーは「子どもの発見者」あるいは「近代教育思想の始祖」とも評されている。

ルソーは，子どもは子どもとして取り扱われるべきものであり，けっして小型の大人として取り扱われてはならない，言い換えれば，子どもの教育目的は子どもの発達それ自身のなかに求められなければならないと考える。したがって，教育内容も，戸外での運動や手作業など子どもの興味・関心に直接結びつき，子どもの現在の生活を充実し満足させるようなものを求める。それゆえ，国家，教会，職業など，子どもの自然の発達の外からあらかじめ設定される教育目的をすべて排除する。しかし，子どもの個性と発達段階を重視するには，何よりも教えるものと教えられるものとの関係が決定的に問われるため，ルソーはエミールの教育を学校ではなくて家庭教師に委ねた。

それまでは，教育学者によっても子どもは無視されており，成人にのみ関心が向けられていた。子どもは単なる実験動物でしかなかった。しかし，ルソー

は自分の教育思想体系を，ごく幼い子どもにまで適用した。このことが彼の意義である。ルソーは，子ども固有の性格や自然性，内発性，そしてそこに原初的で無垢のままに残されているものを愛したのである。

[3] フランス革命

1540年に創設されたジェスイット会（イエズス会）が，布教のため世界各地でキリスト教道徳と人文主義の教養を結びつけて教育していた。フランス国内を見てみると，彼らは中等教育機関（コレージュ）を設立しており教育への需要が高まっていった。

そのようななかでコンドルセ（Condorcet, M. J. A. N. d. C., 1743-1794）が目指したものは自由と平等であり，そのための教育，法律，社会の重要性を主著『人間精神の進歩に関する歴史的展望の素描』（*Esquisse d'un tableau historique des progrès de l'esprit humain*, 1793-94）で説いた。それらによって得られる知識や自由や平等は，われわれの幸福や道徳を必然的に生み出すと考えたからである。コンドルセはまた，数学や物理学などが技術の完成に役立つのと同様に，道徳や政治学の進歩でさえもわれわれの感情や行為を制御し支配するのに役立つことは自然の必然的な秩序であると指摘する。また彼は，フランス立法議会の公教育委員会委員長として公教育制度を整備したが，彼の公教育に関する業績については，第5章も参照していただきたい。

1789年のバスチーユ襲撃に始まるフランス革命の気運はしだいに高まっていき，1793年にルイ16世（Louis XVI, 1754-1793）は処刑され，共和制が成立した。これでアンシャン・レジーム（旧体制，Ancien Régime）が終わり，本格的に第三身分（平民）が力を持つようになった。身分制度の崩壊と共に，出自によらない階層が形成されるようになると，教育を受けたか受けないかがますます重要になっていったのである。

[4] ドイツのロマン主義と新人文主義

イギリスやフランスの影響を受けて，文化的に後進国だと言われていたドイツでも啓蒙主義やロマン主義が花開くことになる。フランスの啓蒙思想家たちはおもに，君臨する権威やキリスト教に反対し，知識を広めることで既成の身

分制度等を打破し，自由で平等な社会を形成しようとした。それに比べ，啓蒙専制君主の統治下にあったドイツでは，どちらかというと明確な反権威や反キリスト教的な思惑はなかったようである。

ロマン主義

ロマン主義とは，啓蒙主義に対する反省・批判として，18世紀末から19世紀にかけて，主としてドイツを中心に展開した運動であり，自然科学よりも歴史的精神的な〈生（Leben）〉をおもな基盤として成立していた。そこでは感情的なものや非合理的なものが重視され，法則や規則よりも個性や独創性が，そして単に個人の個性だけでなく民族の個性も重視される。そのような関係から，一般に啓蒙主義とロマン主義は対立する思想のように捉えられがちであるが，二つの関係はその間に明確な境界を引くことはもはや不可能なくらい錯綜しており，互いに反発しあいながらも補完しあった一連の大きな思想的な流れとして捉えた方が自然であろう。

新人文主義

これらの思想が教育学の分野で展開されて，さらに新人文主義運動となる。新人文主義教育の考えでは，それぞれの人間に対し，自己を独自の個性として完成させることを求める。人間は歴史的に発展する人間性全体を独自の方法で表現すべきであり，それによって人間性がさらに豊かに充実されていくものと思われていた。したがって，ここでの個性の完成は，全体から切り離されたものとしてではなく，つねに国家や民族や人類などと結びつく社会性の形成であり，また，単に個人だけではなく世界や社会と関わりつつ調和的に形成することであった。そのような新人文主義を標榜する人々にとって，彼らの置かれた現実はまったく満足のいくものではなかった。理想的な人間社会の自然状態を探るうちに彼らがたどり着いた結論は，古代ギリシア時代が黄金時代であり，失われた楽園であったという考えで，その再現を願ったのである。彼らはその理想状態のメタファーとして〈子ども〉を賞賛し，古代への回帰を求めた。

[5] カントとヘーゲル

カント

カント（Kant, I., 1724-1804）はプロイセン王国のケーニヒスベルク大学の哲

学教授であり，考えることの根源や限界などについて論じた『純粋理性批判』（*Kritik der reinen Vernunft*, 1781），生きる上での普遍的道徳法則について論じた『実践理性批判』（*Kritik der praktischen Vernunft*, 1788），悟性と理性を連結する判断力について論じた『判断力批判』（*Kritik der Urteilskraft*, 1790）の三批判書を中心とした批判哲学により，近現代の哲学に多大な影響を与えた。

　大学教授としてカントは，1776年から1787年にかけて大学の科目として「教育学」を4期だけ担当することになり，自分の教育思想を講義した。カントの教育学の講義は，ヨーロッパの大学においても先駆的なものであり，これは学問としての教育学が誕生しつつあったことを語る象徴的な出来事である。その内容は『教育学講義』（*Über Pädagogik*, 1803）によって確認できるが，これはカント自身の著作ではなく，カントの大学での講義内容を弟子のリンク（Rink, F. T., 1770-1811）がまとめたもので，カント自身が目をとおした上で1803年に出版された。第1章でも引用したが，そのなかにある「人間は，教育されなければならない唯一の被造物である」「人間は教育によって，はじめて人間となることができる」「人間は，人間によってのみ教育される」という考え方は，コメニウスらの「教育されるべき人間」（Homo educandus）という新たな人間像を踏襲したものであり，その後の教育思想の確固たる基盤成立に寄与した。また，カントは遺稿の断章で，自分は驕り高ぶっていたがルソーによって目を覚まされたとも告白しており，彼はルソーにかなり共鳴していたようで，学生にも『エミール』を読むように勧めていた。

ヘーゲル

　『精神現象学』（*Phänomenologie des Geistes*, 1807）や『法の哲学』（*Grundlinien der Philosophie des Rechts*, 1821）などの著者であるヘーゲル（Hegel, G. W. F., 1770-1831）はドイツ観念論の代表的哲学者であり，イェーナ大学講師，ハイデルベルグ大学教授，ベルリン大学教授さらに総長と至るまで，思索を体系的に重ね，重厚な理論を構築していった。

　ヘーゲルは若い頃，ルソーやカントからかなり影響を受けていた。彼は世界とその歴史には精神＝理性が隠れており，それらは弁証法（Dialektik）によって高められ完成していくと考えた。弁証法とは，それ自体で存在する最初の即自的（an sich）段階＝定立から，反省によって対象化される対自的（für sich）

段階＝反定立へ，そして最後に統一された即かつ対自的（an und für sich）段階＝統合へと至る発展の過程＝止揚（aufheben）である。したがって人間や理性にとって教育とは，現実と歴史において弁証法を通じて普遍化し完成していく過程であると考えた。

[6] ペスタロッチとその後継者

ペスタロッチ

　ルソーの思想的影響を受け，社会の貧困問題や貧児・孤児教育に堅実に取り組み「民衆教育の父」とよばれたのが，スイスのペスタロッチ（Pestalozzi, J. H., 1746-1827）である。はじめ彼はノイホーフ（Neuhof，新しい村）と名付けた農場を作ったが挫折し，文筆家になって書いた本が，「王座の上にあっても，木の葉の屋根の下に住んでいても，その本質において同じ人間，その人間とは何だろうか」という冒頭文で有名な『隠者の夕暮』（*Die Abendstunde eines Einsiedlers*, 1780）である。また説教的小説『リーンハルトとゲルトルート』（*Lienhard und Gertrud*, 1781-87）では，女性教育や母親の愛や家庭教育を重視し，国内外から反響を得た。その後，シュタンツ（Stans）で孤児院の運営，ブルクドルフ（Burgdorf）で教師，イヴェルドン（Yverdon）で学校を運営するなど，多くの挫折を乗り越えながら数々の教育実践に尽力し，しだいにヨーロッパ中にその名をとどろかせ，後述するフィヒテやヘルバルトやフレーベルらの訪問を受けた。しかしその賞賛の裏で，教師間の反目や財政難などの危機が進行しており学園は衰退していった。

　彼の教育史的意義を整理すると，①貧児・孤児を含めた民衆教育への尽力，②基礎陶冶（Elementar-bildung）と労作教育の融合，③曖昧な直観から明晰な概念へと至る認識過程を基礎とした知的教育，そして技能や身体の教育，さらに家庭生活と母子の愛と神への信頼を基調とした道徳・宗教教育などである。これらの人間性に基づく教育活動全体が合自然的な発展と完成を目指していると考え，彼は包括してメトーデ（Methode, 方法）とよんだ。

　上記以外の代表的な著作は，『探究』（*Meine Nachforschungen über den Gang der Natur in der Entwicklung des Menschengeschlechts*, 1797），『シュタンツ便り』（1799），『ゲルトルート教育法』（*Wie Gertrud ihre Kinder lehrt*, 1801），『白鳥の

歌』（*Schwanengesang*, 1826）などがある。

フレーベル

　さらにペスタロッチから影響を受けたのがフレーベル（Fröbel, F. W. A., 1782-1852）である。彼の主著は『人間の教育』（*Die Menschenerziehung, die Erziehungs-, Unterrichts- und Lehrkunst, angestrebt in der allgemeinen deutschen Erziehungsanstalt zu Keilhau*, 1826）であり，その教育史的意義は，①すべてのものや人の根底に神的なものを措定する万有在神論（Panentheismus）の立場，②教育によって自由と自律を持ちながら神と自然の合一を行うことが人間の使命であると説いた。彼はKommt, laßt uns unsern Kindern leben!（さあ，わたしたちの子どもらに生きようではないか！：「1836年8月1日の日記」より）という有名な言葉を残す。彼が幼児教育で重視したのは，創造的な遊戯であり，それをとおして生命の合一を幼児に予感せしめたかった。彼が「子どもらに生きようではないか」と言ったのは，大人たちが，子どもの統一的な生命に触れ，それを取り込むことによって，失われた生命の統一を回復し，それに基づいて子どもを指導するときに，はじめて真の人間性を回復し，人類を再生させる教育が可能になると考えたからである。その努力が「人間の使命」なのである。またフレーベルは，1837年に教育遊具である恩物（Gabe）を考案した。たとえば，第1恩物は毛糸で包んだ直径6センチの球で，赤・黄・青の3原色と緑・紫・橙の3補色から構成されている。第2恩物は，球，円柱，立方体の三つの立体である。第3恩物は，8個の立方体で構成された1個の大きな立方体である。それ以外，第20恩物まであったが，現在では，第10までを恩物とし，それ以外を手技というように表現している。この恩物については第4章の第4節でも説明しているので，そちらも参照していただきたい。さらに1839年に設立した「遊びと作業の学園」を翌年には改称して，キンダーガルテン（Kindergarten，幼稚園，おさなごのその）と名づけた。これが世界最初の幼稚園の誕生であるが，プロイセン政府は1851年に幼稚園禁止令を出し，フレーベルは失意のうちに翌年亡くなった。

フィヒテ

　同じくペスタロッチの影響を受け，またカント哲学の後継者として期待されたのがフィヒテ（Fichte, J. G., 1762-1814）である。彼は『全知識学の基礎』

(*Grundlage der gesamten Wissenschaftslehre*, 1794, 1802) において，自我が思考する過程において根源的に自分自身の存在を定立していくという絶対自我の考えを主張した。さらに当時ドイツはナポレオン（Napoléon Bonaparte, 1769-1821）との戦争に敗れて失意に陥っていたが，国家の再生には国民教育が不可欠であるとして，1807年暮れから『ドイツ国民に告ぐ』(*Reden an die deutsche Nation*, 1808) という講演を行った。そのなかで，ドイツを救う唯一の方法は，道徳的な世界秩序に対する強い情熱と，その実現を目指す意志の形成であると力説し，国民を鼓舞した。

フンボルト

またカール・ヴィルヘルム・フォン・フンボルト（Humboldt, K. W. v., 1767-1835）は，ドイツ（プロイセン）の外交官で後に大臣になり，同時に言語学者としても業績を残した。1809年から約1年間プロイセン政府の教育局長に就任し，新人文主義の立場から教育改革を行い，ベルリン大学の創設，中等教育制度の確立，ペスタロッチ主義の導入などを行い，学者としてだけでなく行政者としても活躍した。弟は自然科学者・地理学者のアレキサンダー・フォン・フンボルト（Humboldt, A. v., 1769-1859）である。

4．20世紀の教育学

[1] デューイ

プラグマティズム（pragmatism）とは，ギリシア語のプラグマ（pragma, 為されたこと）を基準にした学問的概念の明晰化を図るために，1870年代にパース（Peirce, C. S., 1839-1914）が命名したと言われている。プラグマティズムの思想家たちはデカルト（Descartes, R., 1596-1650）以来のコギト（cogito, 意識）中心の思想やヘーゲル（Hegel, G. W. F., 1770-1831）らの形而上学に反発して，行動あるいは実践を重視し，理論と実践が強く結びつくことを強調した。

さらにそのようなパースの実践重視の思考様式を全領域に適用したのがウィリアム・ジェームズ（James, W., 1842-1910）である。彼は著書『プラグマティズム』(*pragmatism*, 1907) で，人間の知識・思想があくまでも仮説的なものであり，実際に行動してみることでそれが良いのか悪いのかを判断するとい

う考え方である有用主義を唱えた。彼の主張にしたがうのなら，有用であるものはすべて真であるということになる。

またデューイ（Dewey, J., 1859-1952）は，思想（知識・思考・概念）とは道具であり，それ自体に価値があるのではなく，その価値は使った結果によって示されるという道具主義（instrumentalism）を唱えた。したがって哲学や学問は単なる机上の出来事ではなく，人間社会を改良していく力となるべきであり，そこから教育改革を主張した。

デューイの取り組んだ課題も多岐にわたるが，そのなかでも代表的なものは，彼が民主主義を念頭に置きつつ教育についての問題に取り組んだということである。彼は，民主主義的な制度によって個人の自発性と関心が育てられるので，その意味で教育は社会的な過程となるとした。

1894年，デューイは新設のシカゴ大学に赴任した。1896年，大学に付属小学校いわゆる実験学校（Laboratory School, 1896-1904）を生徒15人，教師2人で開設し，これによって進歩主義教育運動の旗手となった。この付属学校では，生徒に知識を暗記させたりすることはなく，木工・編み物・裁縫・料理など生徒の主体的な作業科目を中心に行われ，作業をうまくするためには数学・理科・歴史が必要であると気づかせるような「問題解決学習」（problem solving method）を提唱して，その成果を『学校と社会』（*The School and Society*, 1899）で発表した。主著『民主主義と教育』（*Democracy and Education*, 1916）のなかでデューイは，民主主義を単なる政治制度的形態としてではなく，共同の倫理的生活様式として捉えている。民主主義社会の教育目的は自己教育の継続であり，さらに教育されるべき子どものそれぞれの内的活動と要求に基づくものであると主張する。教育はそれ自体を超える目的を持たないのである。そのため，第一に，子どもの現在の状態を無視して遠い将来のために教育が準備されてはいけないのであり，第二に，子どもの能力を無視して成人にとっての価値を目指してはいけないのであり，第三に，子どもの特性を無視して，画一的な目的によって個人を統制してはいけないと指摘する。

そしてデューイにとって，教授も学習も活動の具体性を伴わなければならないのであって，抽象化されるべきではない。つまり彼は教育の事実から出発した上で，民主主義教育はその経験を検証し，帰結を探索し，絶えず変化する現

実の問題解決策を立て直す実践であると繰り返し述べている。

　ちなみに，デューイは子ども中心主義を標榜する新教育運動の理論的指導者と一般に見なされることが多いが，彼は，子どもと大人，個人と社会などという二元論的なあれかこれかという思考を排除しようとした。

[2] その他の教育思想家

　これまでに紹介できなかった，5人の教育思想家について紹介しようと思う。

ロバート・オーエン

　イギリスのロバート・オーエン（Owen, R., 1771-1858）は，当時のイギリスの労働者が貧困に陥っているのを見て社会の改善を考えた。彼は労働者の子どもが無知で粗暴であるという偏見に対抗し，人間の性格は環境に依存するという環境性格形成論の立場に立ち，誰でも，良い環境に置かれれば理想的な人格形成ができると考えた。そこで1816年にニュー・ラナークの自分の工場施設内に「性格形成学園」（the Institution for the Formation of Character）を設立し，幼児から成人に至る教育を実践した。1817年にはそのなかに「幼児学校」（infant school）を創設した。これはフレーベルがキンダーガルテンを創設するよりも前のことであった。

エレン・ケイ

　スウェーデンの女性思想家エレン・ケイ（Key, E., 1849-1926）は，1900年に『児童の世紀』（Barnets århundrade, 1900）を出版し，来るべき20世紀は子どもの世紀であると宣言する。彼女はルソーやフレーベルの思想だけでは満足せず，教育改革に乗り出す。その改革が目指すところは，子どもが自分で生活し，子ども自身で完成させることであり，子どもの形成をだんだんと自然に任せて，これを助けるのが教育であるとした。彼女は子ども中心主義を唱え，子どもの持って生まれた本能と素質と個性とをすべて押さえ込んではならないと主張する。そのため，たとえ子どもがわがままを言ってもそれは正当なこととして許されるのであり，もし悪いことをしたとしても，子どもならばそれは良いことになるのだと主張した。そのように，彼女は人間性と自然の限りない進歩発展を信じ，親と教師は良心と愛情によって子どものために苦労を負い，義務を尽くし，その上なお自制と忍耐と努力をせよと説く。それゆえ彼女は第二のルソ

ーとよばれる。

モンテッソーリ

　イタリアのモンテッソーリ（Montessori, M., 1870-1952）はローマ大学で女性初の医学博士号を取得した医師であった。彼女は精神障害児の研究者であるフランスのセガン（Seguin, E. O., 1812-1880）の著作で治療教育を学び，その後，精神障害児の指導にあたる。彼女は子どもの本質が自由に表現できる環境を準備し，そのためにはどんな先入観もドグマも捨てなくてはならないと説いた。そしてその準備された環境で教育を受けることが大切であるとして実践に努めた。

　さらに彼女は，障害児教育で試みられている感覚教育を中心とした科学的教育方法を，一般の教育にも広く適用した。つまり，第1章第1節で述べた敏感期（sensitive period）に適切な教育を行うことで感覚を発達させる方法である。このような障害児のための治療教育を健常者に適用することを試みてみると，それが大きな成果を収めたため，世界中から注目を集めた。この教育に用いられた教具がモンテッソーリ教具である。この教具は，五感をとおして集中現象を導き出す等の感覚訓練を促すために考案されたものである。このようなモンテッソーリの教育方法は，モンテッソーリ・メソッド（Montessori method）とよばれ，1915年頃にその普及は頂点に達する。日本には倉橋惣三（1882-1955）によって紹介され，現在でも多くの幼児教育に取り入れられている。

ロシアの教育者

　ロシアの教育者についても若干補足する。レーニン（Lenin, V. I., 1870-1924）の妻であり政治的にも活躍した教育者クルプスカヤ（Krupskaya, N. K., 1869-1939）は，革命そのものにおいても重要な役割を果たした。彼女は，ルソー，ペスタロッチ，オーエンを社会変革者として批判的に検討し，教育と生産労働を結合したマルクス主義的で人間の全面発達の教育原理であるポリテフニズム（polytechnism，総合技術教育）を積極的に推進した。

　また，十月革命以降に活躍したソ連の教育者マカレンコ（Makarenko, A. S., 1888-1939）は，個人ではなく集団（コレクチーフ）を中心とした教育を提唱し，非行少年たちへの矯正教育において集団主義教育と生産労働を結びつけた教育実践を行ったことで有名である。

アクティヴ・ラーニングのために
❶ コメニウス『世界図絵』の絵と文章を調べて、感想をまとめてみる。
❷ 現代でタブラ・ラサはどのように考えられているのか、医学や発達心理学などの観点から調べてみる。
❸ ルソー『エミール』の最初の第1編、あるいはデューイ『経験と教育』を読んで、その内容についてまとめてみる。
❹ カント哲学は、倫理学や政治学でも活発に議論されているので確認する。
❺ 恩物やモンテッソーリ教具を調べ、形や使用方法を調べてみる。
　その他、興味を持った人物の経歴を調べ、また著作を読んでまとめてみる。

第3章
日本における教育の理念と歴史

1. 古代から近世までの日本の教育観

[1] 子どもの誕生
アリエス

　フランスの歴史家アリエス（Ariès, Ph., 1914-1984）は1960年に『〈子供〉の誕生』（*L'enfant et la vie familiale sous l'Ancien Regime*）という本を出版した。この書で彼は，ヨーロッパ中世から18世紀に至る期間の，絵画や書簡，日誌などを丹念に読み解いていき，子どもと家族の間のその時代の感情を描いた。実は，子どもは長い歴史のなかで，独自のモラルや固有の感情を持った実在として見られてこなかった。なぜなら，〈子ども〉は〈小さな大人〉として認識されていたのであり，家族によって保護されていたのではなくて，その枠を越えた濃密な共同社会の場に属していたのである。そこは，生命感と多様性に満ちた場であり，ブリューゲル（Brueghel, P., 1525頃-1569）の絵を見ればわかるように，共に遊び，働き，学ぶ，〈熱い環境〉であった。だがそこに，変化の兆しが訪れていた。たとえば，徒弟修業から学校化への進展に伴って，人々の間には子どもへの配慮と隔離への強い関心がもたらされ，〈子ども〉は〈子ども〉として保護の対象になったのである。つまり，〈子ども〉は近代の発明品（産物）であり，新しい家族の感情はそこから芽生えたと言える。

山上憶良

　ヨーロッパでの子どもをめぐる感情はこのようであったかもしれないが，日本の場合はどのようであったのだろうか。それを知る上で参考になる和歌がある。「銀も金も玉も何せむに勝れる宝子に及かめやも」（山上憶良『万葉集』

803番)。貧窮問答歌でも有名な不遇の官僚である山上憶良(660-733頃)のこの歌が表しているのは，記紀万葉時代の日本での子どもに対する感情である。つまり，子どもは金銀や宝石よりも大切な宝物であるという考えであった。

　アリエスの考え方と異なり，日本での子どもを見る目は独自のものがある。そして子どもを見る優しいまなざしは，ヨーロッパならば近代になって達成されたものでもあり，その意味でこの和歌は教育史的意義がある。しかしその反面，子ども＝宝と捉える考え方は，親が子どもを私物化する意識を持ち合わせており，子どもの人権を考えた上での扱いにはまだまだ時間がかかった。

[2] 飛鳥・奈良時代から平安時代まで

　6世紀から7世紀にかけての飛鳥時代，古代国家が形成されつつあったとき，当然この頃はまだ教育という意識が自覚されていなかったため，言説化されていなかった。それゆえ学校もなかった。その後，政治的には大化改新を経て律令制度がしだいに形成されるにつれ，7世紀後半には曲がりなりにも法治国家という枠組みができあがってきた。現代でも同じであるが，国家は繁栄と永続を求める。そのために，国家の統治理念を確立することが求められ，これが結果的に，広義の教育理念として浸透してくる。つまり古代国家の政治においては，国家が政治をとおして人々に教育することが必要だったのであり，それは学校による教育ではなかった。

聖徳太子

　まず国家の統治理念として採用されたのは仏教と儒教の理念であり，それは聖徳太子（574-622）の憲法十七条（604年）という形で広く知られていった。憲法十七条でもっとも重視されているのは，「和」の精神であり，これは現代日本においても通じるところがある。和の精神では，相手の立場を認めることで自分勝手な判断を退け，善行を勧めた。この場合，教育の対象は豪族あるいは貴族であり，その内容は役人としての心構えであった。

大学寮

　では，最初の学校はいつできたのかを考えた場合，天智天皇（在位；668-671）の時代，律令制において式部省に属する大学寮の成立が，社会制度としての日本の学校の始まりであると言えるだろう。大学寮は官吏養成機関であったので，

貴族階級の者しか入学できなかった。

　大学寮は，大宝令（701年）を制定した文武天皇（在位；697-707）によって制度的に整備されていき，しだいに充実していった。教育内容の変遷はあったものの，歴史や文学や文章などを学ぶ紀伝道，儒教の古典を学ぶ明経道，律令を学ぶ明法道，算道が主であり，その四道を博士や助教らが教えた。対象者は五位以上の貴族の子弟，朝廷の記録や外交文書を司った東西史部の子の13歳以上の者，16歳以下の八位以上の子などに教えた。また地方にも教育機関が置かれ，太宰府の府学，国ごとに国学が作られた。

道徳心の芽生え

　ここで，この当時の人々の道徳心についても補足しておく。『古事記』や『日本書紀』には，未分化ではあるが二つの価値体系があり，一つは「ヨシ」と「アシ」，もう一つは「キヨキ（アカキ）心」と「キタナキ（クラキ）心」である。前者の「ヨシ」と「アシ」は，自分の身に幸福をもたらすものが「ヨキ」ものであり，不幸をもたらすものが「アシキ」ものである。後者の「キヨキ（アカキ）心」と「キタナキ（クラキ）心」の対は，浄心と濁心，赤心と黒心ともよばれるもので，内面の道徳的意識が多少表出しており，前者に比べて，道徳心の芽生えが感じられる言葉である。

　政治体制の整備に伴い，国家意識が高まった。天皇中心の国家を目指す朝廷は，中央集権的な政治論を主張する儒教を重視し，徹底的に教え込もうとする。桓武天皇が長岡京から平安京へ遷都したのも，仏教の影響をなくすためであったとも言われている。しかし現実は，894年に遣唐使を廃止してから後，藤原氏の勢力拡大と共に，学問に励んだとしても出世できるわけではなかったので，大学寮の果たす役割は薄れた。有力貴族の子弟は大学寮に入らずに家庭教育で学ぶようになり，漢籍，手跡，和歌，音楽，絵画などの教養教育を受けた。またこの頃になると，人格の形成をも重視するようになり，陰陽道や仏教や儒教などにしたがったしつけも厳しかった。

私　　学

　大学寮の発展と並行して私学も発達してきた。古くは，800年に和気広世（生没年不詳）が父・清麻呂（733-799）の遺志を継いで設けた弘文院がある。また平安時代に京都には，821年に藤原冬嗣（775-826）が設立した勧学院，嵯

峨天皇の皇后・橘嘉智子(786-850)が設立した学館院(学官院),881年に在原行平(818-893)が設立した奨学院などがあり,この三つの大学別曹を総称して三院とよぶ。この三院(勧学院,学館院,奨学院)の他に,弘文院,菅原清公(770-842)が設立したと伝えられる文章院,828年に真言宗の開祖・空海(774-835)が設立した日本最初の僧俗共学の学校・綜芸種智院,淳和天皇(在位;823-833)が作った淳和院を加えたものを総称して七大私学とよぶ。

上記の私学の他にも,奈良時代末に石上宅嗣(729-781)が私宅に設けた日本最初の公開図書館である芸亭や,平安時代に菅原道真(845-903)が邸宅の紅梅殿を文庫として開放するなど,図書館的な教育施設も誕生したのもこの頃である。

[3] 鎌倉時代から戦国時代まで
仏　教

鎌倉時代から室町時代を経て江戸幕府成立以前の教育史の特色は,武士階級の成立とそれに関わる新しい仏教思想の開花である。仏教には,仏性という概念がある。そこでは,人間である限り誰もが仏としての本性である仏性を備えているので(一切衆生悉有仏性),本性の悪いものは少なく,不正をただす能力が備わっていると考えられていた。

奈良時代,仏教は学問として栄えていたが,しだいに民衆に浸透し,善い行いである作善が勧められた。たとえば平安時代には,天台宗の開祖・最澄(767-822)や真言宗の開祖・空海を始めとして,市聖と称された空也(903-972)の社会事業などが有名である。鎌倉時代には重源(1121-1206)も活躍した。

鎌倉新仏教

そして多くの僧が中国から帰国し,仏典研究などが進むにつれて一般へ浸透した結果,鎌倉時代には民衆にもわかりやすい洗練された仏教思想が開花してきた。専修念仏の考え方を示した法然(1133-1212)は浄土宗を開いた。法然の弟子・親鸞(1173-1262)は「善人なをもて往生をとぐ,いはんや悪人をや」という悪人正機説を主張して浄土真宗を開き,親鸞の弟子・唯円は師の言葉を『歎異抄』にまとめるなど活躍した。禅宗では,宋から帰国した栄西(1141-1215)は臨済宗を,『正法眼蔵』を著し只管打坐を提唱した道元(1200-1253)は曹洞

宗を開いた。また法華経を奉じ『立正安国論』を著した日蓮（1222-1282）は日蓮宗を，一遍（1239-1289）は時宗をそれぞれ開いた。

　また，叡尊（1201-1290）や弟子の忍性（1217-1303）の仏教活動に至っては，医療保護，公衆衛生，公共土木工事などの社会事業でもあり，仏教は社会福祉活動を大きく前進させた。

兵の道

　鎌倉時代には新たに，流鏑馬や笠懸，犬追物などの「兵の道」とよばれた武士道が形成された。殺人・戦争など戦うことを求められる武士に対して，慈悲の心など仏教を主としながら儒教も取り込んだ倫理観が浸透した。室町時代になるとこの「道」の思想が，能，和歌，侘び茶などの芸術領域にも浸透し，諸芸すべてにおいて芸を大成する「道」が重んじられた。たとえば1400年頃，世阿弥（1363頃-1443頃）は能の道を『風姿花伝（花伝書）』にまとめている。また，村田珠光（1423-1502）の茶道，池坊専慶の華道などもこの頃である。

　鎌倉時代の1275年頃，学問を好んだ北条一門の金沢実時は，自分の領地・武蔵六浦荘金沢（現在の横浜市金沢区）に金沢文庫を建造し，相当数の和漢の書を所蔵・公開していた。また現在の栃木県足利市には，一説には足利義兼（1154頃-1199）が設立したと言われる足利学校もあった。足利学校はいったん廃れたが，1439年に関東管領・上杉憲実（1410-1466）が再興し，「坂東の大学」と評された。

　この他にも，鎌倉時代末期から室町時代にかけて，京都五山や鎌倉五山は禅寺ではあるものの当時の高等教育・研究機関としても機能していた。とくに京都の五山・十刹の臨済宗の禅僧らによって漢詩や漢文が多く作られ，それを総称して五山文学とよんだ。

子どもの教育

　これまで述べたことは，大人の教育についてであったが，この頃の子どもの教育事情はどうだったのであろうか。それをうかがうことのできる記述が，室町時代に書かれた『世鏡抄』に散見する。まとめてみると，嬰児期（3歳）で乳母に教育が委ねられ，幼児期（7～9歳）で教育が積極的に始まり，少年期前期（13歳）までに寺入りして教育を受けた。少年期後期（15～16歳）は子どもとしての仕上げ時期であり，当時の15～17歳で元服を迎えて一人前にな

るという過程であった。それぞれにおいて，室町の武家社会の場合，貴族の慣習を変容させて新たな行事等が形成されてきた。たとえば，貴族社会での元服は家職の相続や朝廷への奉職であったが，武家社会での元服は戦場に出ることである。

教育内容に関して言えば，書簡を編纂したものが往来物とよばれ，教科書として使用された。有名なものでは，『庭訓往来』などがある。また戦国時代には，さまざまな武将の家訓も，家庭教育の材料として使われた。北条早雲（1432-1519）の『早雲寺殿廿一箇条』や，武田信玄（1521-1573）の『武田信玄家法』などが有名である。

[4] 江戸時代

前節で見たように，戦乱の世である中世はつねに死と隣り合わせに生きていたために，仏教思想が多くの人々の心を捉えていたが，江戸時代になって比較的安定した社会になると，武家を指導したのは儒教（朱子学）であった。よって，教育の場もしだいに寺院から離れていった。さらには，儒学だけにとどまらず，国学，洋学，医学，神道，兵学など，後年になるにつれてその学問内容は多様な形をとるようになった。

学問内容の変化に加えて，近世の教育における特色は，さまざまな形態の教育施設が充実してきたことである。官学，藩校，郷学，私塾，寺子屋など，身分や求める学習内容に応じて，人々は選ぶことが可能になってきた。ここではそのような教育施設ごとに説明を行いたい。

藩　校

寺子屋が庶民のものだとすると，藩士のためには藩校（藩学）が作られた。藩校は幕府直轄ではなく，明治初期までには250も設立され，そのほとんどは1750年以降に作られたものである。早い時期の藩校は，林家塾を参考にして作られ，漢学中心の伝統的教育を行っていた。中期以降の藩校は，医学，算術，洋学，天文学，兵学など，近代的な知識内容の実用的学問が講じられた。有名な藩校としては，会津の日新館（1790年代設立），米沢の興譲館（1697年設立），山口の明倫館（1792年設立），熊本の時習館（1752年設立），鹿児島の造士館（1773年設立），水戸の弘道館（1839年設立）などがあった。

郷　学

　藩士陪臣のために準備された準藩校，あるいは寺子屋よりもやや程度の高い内容を教える教育機関が郷学である。もっとも古い郷学は岡山藩主・池田光政（1609-1682）が藩内各村の指導者養成のために，1668年，藩内の123箇所に手習所を設立したことに始まる。

寺子屋

　庶民のための教育施設である寺子屋が，独特の形で自然発生的にできあがってきたことが江戸時代の特徴である。庶民のなかには，読み・書き・そろばんという基礎学習（3R's）に対する要求が生まれ，15000に及ぶ寺子屋，習字塾，漢学塾，算学塾などが全国に作られた。そのほとんどが20人以下の寺子から構成されており，その大部分で，一人の教師がすべてを教えていた。

私　塾

　有名な私塾では，松永尺五（1592-1657）が京都に開設した講習堂（1648年設立），中江藤樹が滋賀に開設した藤樹書院（1648年設立），伊藤仁斎（1627-1705）が京都堀川に開いた古義堂（1662年設立），広瀬淡窓（1782-1856）が豊後（大分）に開いた咸宜園（かんぎえん）（1805年設立），緒方洪庵（1810-1863）が大阪で蘭学を教えた適塾（緒方塾）（1838年設立），吉田松陰（1830-1859）が萩で開いた松下村塾（1857年設立），福澤諭吉（1834-1901）が江戸に開いた蘭学塾（1858年設立，1868年に慶應義塾と改名）がある。また，シーボルト（Siebold, P. F. v., 1796-1866）が長崎郊外の鳴滝に作った鳴滝塾（1824年設立）は診療所も兼ねていた。その他，浪人や藩の師範による道場などがあった。寺子屋は初等教育で，藩校は中等教育，私塾は高等教育のような位置づけと考えるとわかりやすいであろう。寺子屋はほとんどが小規模であったが，私塾は大規模で繁栄したところも多く，江戸時代全期を通じて1400以上にも達したという。

昌平坂学問所

　私塾だけではなく，官制の学問所も江戸時代には作られた。幕府の儒官であった林羅山（1583-1657）は1630年に3代将軍・徳川家光の保護と援助のもとで上野忍岡に林家塾を開き，そして1690年に5代将軍綱吉がその林家塾や聖堂を湯島に移したのが湯島聖堂の始まりである。その後，1797年には幕府がこれを官学に改組して昌平坂学問所が誕生した。

教育思想家

　江戸時代に入り，教育思想家も現れた。中江藤樹（なかえとうじゅ）（1608-1648）は藤樹書院を設立し，近江聖人とよばれた。山鹿素行（やまがそこう）（1622-1685）は儒学と兵学を学んだ，古学の開祖である。貝原益軒（かいばらえきけん）（1630-1714）は儒学者・教育者で，『和俗童子訓』や『養生訓』などいわゆる益軒十訓を著した。その他，心学の祖である石田梅岩（1685-1744）や，節約を中心とした農村復興を行った二宮尊徳（1787-1856）なども活躍した。

家庭教育と女子教育

　また家庭での教育については，これを重視するか否かは藩主の考え方によって異なり，会津藩や薩摩藩など家庭での道徳教育の規準書を公布する藩主もいた。一般家庭では，母親や祖母が，子守歌から始まり英雄や先祖の物語を読み聞かせるなどして，子どもたちに一族の一員としての矜持を高めていった。

　女子教育としては，『女大学』（末尾に貝原益軒述とあるが，『和俗童子訓』の一部を益軒没後に改竄したもの）が江戸時代中期（1716年）以降，明治以降に至るまで広く普及しており，女子教育の中心となった。今日から見ると女性蔑視の道徳観であり，「女は陰性（いんしょう）なり。故に女は男に比ぶるに，愚かにして目の前なる可然（しかるべき）ことをも知らず」「総じて婦人の道は，人に従うにあり」という記述がある。封建社会における家族制度を維持・強化していくための女子教育の書であり，そのなかの「七去」（夫が離縁してもよい七つの理由）は有名である。

2．明治の日本の教育観と教育制度

[1] 近代公教育の開始

　公教育制度が日本に取り入れられたのは明治以降のことであり，まず1869（明治2）年に小学校設置を奨励し，前年に昌平坂学問所から改称された昌平学校が大学本校に，開成学校が大学南校に，医学校が大学東校に改称された。そして1871（明治4）年に文部省が設置された。これ以降，それまでの藩校や寺子屋を中心とした教育制度から，あるいは公家の教育機関である大学寮から，中央省庁を中心とした近代公教育に推移することになる。

学制（1872）

　そしてわが国の近代的な学校教育制度は，1872（明治5）年の学制成立によって始まる。富国強兵を国家目標とした政府は四民平等の精神に基づき，西洋の教育思想や教科等を取り入れて学制を制定したのである。

　学制公布前日の8月2日，学制の意義として，いわゆる被仰出書を頒布した（全文は巻末に収録）。ここで述べられているのは，①国家のために学ぶのではなく，個人の立身出世や経済的な成功を目的として学問を修めること（功利主義），②言葉の暗唱などではなく，生活や経済が豊かになるような学問の重視（実学重視），③人間である以上は学ばなくてはならないと指摘して，すべての国民に学問が必要であること（国民皆就学），④これまでの学費等を官（国家）に依存してきたことは旧弊であると指摘（受益者負担），この四つである。

　上記の学制の特色は，福澤諭吉（1834-1901）の『学問のすゝめ』（1872-76）の影響が大きく，時代を先取りした内容である。この学制によって国民皆就学の方針がとられたのであり，これは後の義務教育制度への布石となっている。しかしまだ就学率は30％程度と低かった。

教育令（1879）

　急激な教育制度の制定は西欧を模倣したものであるため，人々の理解を得ることは難しかった。そこで文部大輔・田中不二麿（1845-1909）は学監マレー（Murray, D., 1830-1905）の協力のもと，アメリカ合衆国の自由主義的教育観を取り入れた「教育令」を1879（明治12）年9月に制定し，学制を廃止した。この1879年の教育令は地方の自由裁量をかなり認めるものであったので，まだ地方自治を知らない国民に混乱を招き，就学率は約40％と低いままだった。

教学聖旨（1879）

　加えて，学制では道徳教育はとくに重視されず，教科書も翻訳教科書が使われたのであるが，それをよく思わない勢力も存在していた。状況が変わったのは，1879（明治12）年の教学聖旨が出てからである。教学聖旨は教学大旨と小学条目二件から構成されていた。これは伊藤博文らの反対を押し切り，天皇の名前で出された教学の根本方針であり，天皇側近の儒学者である元田永孚（1818-1891）が起草した。その特徴は，教育内容の過度な西欧化を戒め，道徳は孔子の学（儒教）を主とし，仁義忠孝の道を明らかにするというものである。

これは天皇が公教育へ介入した最初の出来事であり、個人の立身・治産・昌業を重視した学制公布にあたっての被仰出書の方針とはまったく異なるもので、全否定に近かった。

1880（明治13）年12月、文部省は「改正教育令」（第2次）を制定した。ここでは、被仰出書以来の方針が教学聖旨によって転換されたのを受けて、修身を筆頭学科とした国家主義の理念が示された。

[2] 森有礼

1885（明治18）年、政府は太政官制を廃し、新たに内閣制度へと移行した。伊藤内閣での初代文部大臣になったのは森有礼（もりありのり）（1847-1889）である。彼は、国家主義・軍事主義的な教育方針を打ち出した。帝国大学における研究内容は、学術的進歩よりも国家を優先することを求めた。また、師範学校教育にも期待し、軍隊式の全寮制にし、生活指導を通じて道徳教育を徹底しようとした。兵式体操を取り入れたのも彼である。加えて、森は翌1886（明治19）年に教育令を廃止し、帝国大学令、師範学校令、中学校令、小学校令と各学校令を制定したが、1889年の大日本帝国憲法発布の日に刺され、翌日亡くなった。

義務教育規定（1886）

森の制定した1886年の「小学校令」（明治19年4月10日・勅令第14号）では、まず小学校を尋常と高等の二段階とし（第一条　小学校ヲ分チテ高等尋常ノ二等トス）、それぞれを4年ずつにした（「小学校ノ学科及其程度」第1条）。そして父母後見人などに対してその保護する子弟を学校に就学させる規定が法律条文に明記され（第三条　児童六年ヨリ十四年ニ至ル八箇年ヲ以テ学齢トシ父母後見人等ハ其学齢児童ヲシテ普通教育ヲ得セシムルノ義務アルモノトス）、義務就学規定が明確になった。ただし義務教育としたのはそのうちの尋常小学科の4年間だけである（第四条　父母後見人等ハ其学齢児童ノ尋常小学科ヲ卒ラサル間ハ就学セシムヘシ）。

しかし、公教育財政は困難を極めており、小学校は授業料や寄附金を主な財源として運営するなど、事実上の受益者負担であり、そのため家計困窮の場合には就学猶予も認められていたので、完全な義務教育ではなく、就学率も45％程度だった。なお、ここでの尋常小学校の教育内容は、「修身読書作文習

字算術体操」であり，必要に応じて「図画唱歌」が加えられることになっていた（「小学校ノ学科及其程度」第2条）。

[3] 教育勅語と義務教育制度の定着

教育勅語（1890）

　1889（明治22）年2月11日の大日本帝国憲法発布によって国策の基本ができ，翌1890年10月30日に，教育の基本方針を示す明治天皇の勅語である「教育ニ関スル勅語」を発布した（全文は巻末に収録）。これは以前の「軍人勅諭」（1882）発布によって軍隊の思想統制に成功した経験から，それを教育にも応用しようとする試みである。これ以降，道徳的涵養が国民教育における最優先課題となり，忠君愛国の教育理念が確立されることになる。この教育勅語は，第2次世界大戦後の1948（昭和23）年に国会で排除失効確認が決議されるまで日本の教育の根底を形成するものであり，その影響力は甚大なものであった。

　1890（明治23）年，フランス人法学者ボアソナード（Boissonade, G. E., 1825-1910）が中心となって民法が成立したが，そのとき穂積八束が「民法出でて，忠孝亡ぶ」と批判した。民法の内容が，あまりにも日本の家族主義にそくしていないことによる反論であった。結局公布はされたが実施には至らず，その後，日本の家族主義と重なる部分の多いドイツ民法を取り入れた民法が1898（明治32）年に公布された。これがいわゆる「民法典論争」とよばれるものであり，有名である。

　時代は前後するが，学制にも似た事情があった。形式的にはフランスの教育制度を取り入れ，内容的にはアメリカ合衆国とイギリスの教育制度を取り入れたために，学制には日本の実情と相容れない内容も多々あったのである。そのため制定されてから7年後の1879（明治12）年には新たに教育令が公布され，翌1880（明治13）年には改正教育令が公布されたのである。

　さらに1890（明治23）年には「小学校令」が改正（第2次）された。その第1条において「小学校ハ児童身体ノ発達ニ留意シテ道徳教育及国民教育ノ基礎並其生活ニ必須ナル普通ノ知識技能ヲ授クルヲ以テ本旨トス」と述べられており，小学校教育の目的がはじめて明確化された。また，学齢児童（満6歳から満14歳）の教育は，公立小学校である尋常小学校で3～4年間行われ（第

8条)、また市町村などに必要な数の尋常小学校の設置を義務づける学校設置義務規定が明記された（第25条）。

授業料の無償化（1900）

日清戦争後の1899（明治32）年には「実業学校令」「高等女学校令」「中学校令」と相次いで教育法規の整備が行われたが，1900（明治33）年の「小学校令」改正（第3次）に至って，尋常小学校の修業年限は4年に統一され（第18条），「市町村立尋常小学校ニ於テハ授業料ヲ徴収スルコトヲ得ス」と，義務教育課程である尋常小学校では授業料を徴収しないことが明記された（第57条）。この頃には就学率も上昇し（81.5％），義務教育制度に対する理解も浸透していった。最終的に，明治の終わり頃になると，就学率は95％を越えるかなり高い率にまでなった。

義務教育の6年化（1907）

「小学校令」は1907（明治40）年にも中改正（明治40年3月21日・勅令第52号）され，翌年4月から施行された。国家の近代化に合わせて，国民の能力向上を図りたい文部省は，かねてから義務教育の修業年数の延長化を求めていた。しかし財政上の問題から，構想はあっても実施できなかったが，日露戦争後のこの改正によって義務教育である尋常小学校の修業年限は6年に延長され，その上の高等小学校の修業年限は2～3年となった（第18条）。

[4] 学校教員の養成

学校という建物だけでは，当然，教育を行うことはできない。そこで，教える側の教員の養成について述べたい。学制頒布と同時期に明治政府は小学師範学校を東京に設置している。これを皮切りに1873（明治6）年から翌年にかけて，大阪，宮城，愛知，広島，長崎，新潟，さらに女子師範学校を東京に設置し，近代的な教育方法の普及を目指した。当初これらは元寺子屋の師匠や旧士族で教員になった者たちへの研修所的役割を担っていたが，しだいに小学校教員の新規養成を行うようになった。1880（明治13）年の教育令改正において，それまで必要に応じて設置されていた師範学校は各府県に必置が定められ（第33条），「教員ハ男女ノ別ナク年齢十八歳以上タルヘシ但品行不正ナルモノハ教員タルコトヲ得ス」（第37条）という教師の資質に関する条件がはじめて

示された。

　そしてすでに述べたように，森有礼は1886（明治19）年に上記の教育令を廃止し，師範学校令を制定することで，教員養成制度を整えていった。さらに1897（明治30）年には，師範学校令を廃止して新たに師範教育令が公布され，これにおいて戦前の師範学校制度が確立されたといえよう。

[5] 教科書の国定化

　義務教育制度への理解が得られるにつれて，教育内容や教科書の問題も出てきた。1890（明治23）年の「小学校令」第2次改正などをふまえて，教育課程の段階に即した教科書が小学校などで用いられるようになったが，まだ教科書は検定制（1886年以前は認可制）であった。文部省は1900（明治33）年の「小学校令」第4次改正のさいに，小学校用の国定教科書を編纂することで全国の教育内容を統一したいという思惑もあったが，なかなか実現しなかった。だが今日残されている諸資料から判断すると，教科書編纂の準備だけは水面下で着々と行われていたようである。

　1902（明治35）年，ある教科書会社社長が手帳を列車に置き忘れるという小さな出来事があった。しかし，その手帳には教科書採用販売をめぐる贈賄の相手先の氏名や金額などが具体的に記されており，これをきっかけに，12月には全国規模でかなり強引な一斉検挙が行われ，現職の県知事，文部省の役人，師範学校や小学校校長を含めて検挙者が200人に達するという大事件へと発展した（明治教科書疑獄事件）。この事件を背景とした世論に後押しされ，翌1903（明治36）年1月，教科書国定化法案は閣議決定され，4月に小学校令を一部改正し，小学校の教科書は文部省が著作権を有するものに限定した国定教科書制度が成立した。そしてすぐに，1904（明治37）年から修身，読本，国史，地理，1905（明治38）年から算術と図画，そして1911（明治44）年に理科の教科書が採用されたのである。

3. 大正から終戦までの日本の教育観と教育制度

[1] 大正・昭和初期の教育

1912年7月30日，激動の明治時代は45年の幕を閉じ，同日，大正へと改元した。それからしばらく後，つまり1914年から1918年までの第1次世界大戦の後，世界的に広がりを見せていたデモクラシー運動がわが国でも高揚してきた。これに危機感を抱いた政府は，1917（大正6）年，臨時教育会議を設置した。この会議によって教育行政全体の諮問がなされ，大正・昭和初期の学校政策が決定されていった。

1918（大正7）年，その答申を受けて，市町村義務教育費国庫負担法が成立した。これによって，経済的基盤の弱い地方においても義務教育の国庫負担を手厚くすることで国民への教育を盤石なものへとしようとした。

また同年，新たに大学令が公布された。それまで，東京，京都，東北，九州，北海道の五つの帝国大学だけが大学であったのだが，官立・公立・私立の専門学校のそれぞれ大学への昇格が認められた。また学部が新たに設置されて，分科大学制度を廃した。これに伴い，高等学校令も改定され，大学と同じく私立学校の設置が認められ，大学予科としての性格から脱却した。続いて1926（大正15）年に「幼稚園令」が，そして1935（昭和10）年に「青年学校令」が相次いで公布され，学校系統組織は整備されていった。

[2] 明治・大正・昭和初期の教育者

明治・大正期には留学組を含めて，多くの優れた教育者あるいは教育学者が生まれ活躍した。福澤諭吉（1834-1901）は脱亜入欧・官民調和を唱え，独立自尊と実学の教育を提唱し，慶應義塾を設立した。彼の書いた『学問のすゝめ』（1872-76）は日本の近代教育の成立に大きな影響を与えた。その他に大学の前身として，新島襄（1843-1890）は1875年に同志社英学校（同志社大学）を，大隈重信（1838-1922）は1882年に東京専門学校（早稲田大学）をそれぞれ設立した。またフェノロサ（Fenollosa, E. F., 1853-1908）らと共に明治時代の美術界の指導者だった岡倉天心（1862-1913）は，東京美術学校の設立に携わり，

1890（明治23）年に同校校長に就任した。
　井上毅（1843-1895）は大久保利通や伊藤博文の相談役として，帝国憲法や教育勅語の起草に携わった。東北帝国大学や京都帝国大学総長を務めた澤柳政太郎（1865-1927）は，1917（大正6）年に成城小学校を設立し，大正の新教育・自由主義教育運動を先導した。澤柳のもとで活躍した赤井米吉（1887-1974）は明星学園を設立（1924年）し，同じく小原國芳（1887-1977）は全人教育論を掲げ，玉川学園を設立（1929年）した。
　大正期から昭和期にかけて，幼児教育思想も活発に論じられた。代表的な二人を取り上げてみると，倉橋惣三（1882-1955）は子どもの個的存在性に着目し，子どもの現在の生活の充実を目指す，大正デモクラシーを背景とした子ども中心主義，個人（個性）主義を主張した。当時，幼児教育方法の主流であった，フレーベル（Fröbel, F. W. A., 1782-1852）の恩物操作を中心にした保育のあり方を批判し，秩序どおり厳密に順番などが定められていた恩物操作から脱却し，フレーベルの本質的な理解を目指して，子どもが自発的な生活経験を通じて内面的に充実することを目指したのである。もう一人が城戸幡太郎（1893-1985）である。彼は，子どもは子どもたち自身から何かを自由に発達させることができるという子ども中心主義の主張を批判し，子どもを社会的存在として捉え，社会的協同生活訓練を通じて，子どもを未来の社会の担い手へと形成しようとする視点を明確にした。これが全体（社会性）主義である。城戸は倉橋の理論を楽天的子ども観に依存しているとして批判した。
　文学・芸術の分野では，鈴木三重吉（1882-1936）は夏目漱石門下の作家であり，童話作家として活動した。彼は雑誌「赤い鳥」を創刊し，大正期の児童文学運動に貢献した。また山本鼎（1882-1946）は洋画家・版画家であり，美術教育の分野で自由画運動を興した。

[3] 第2次世界大戦中の教育

　1900（明治33）年の「小学校令」第3次全面改正以来，義務教育制度の基本設計は約40年間存続していたが，そろそろ大きな見直しが主張され始めた。
　1937（昭和12）年に日中戦争が勃発した。この年，近衛文麿内閣の諮問機関として教育審議会が設置され，その答申に基づいて，1941（昭和16）年に

「国民学校令」が公布された。これによって，これまでの小学校は「国民学校」と改称されたが，まもなく迎える戦後の学校教育法によって「小学校」に改められるので，国民学校とよばれた期間は短かった。そして，この期間は戦時下という性格のため，教育よりも軍事が最優先されていたので，かなり特殊な状況であったと言えるだろう。

教育審議会はその後の1942（昭和17）年まで内閣総理大臣の諮問機関として設置されおり，臨時教育会議と合わせて，これらの答申が戦時下の教育政策の基本方針として重視された。しかし義務教育の8年制など，戦争激化のために実現できない制度もあった。

4．戦後日本の教育観と教育制度

[1] 教育基本法と学校教育法

そして第2次世界大戦後の1946（昭和21）年，第1次アメリカ教育使節団が来日し，その報告書では個人の価値や尊厳を基本とする教育制度の必要性が訴えられていた。同年に公布された日本国憲法の精神に基づいて，翌1947（昭和22）年，新たな教育基本法を制定し，教育の基本理念を示した（全文は巻末に収録）。その第1条で示されているのが，教育の目的についての規定である。まず第1条でわが国の教育目的が理念的に，つまり抽象的に述べられている。しかし，その意味するところは捉えやすく，完成度が高い文章である。そして第2条で教育の方針が述べられており，この二つがわが国における教育の根本目的であったといえよう。

この根本目的のもと，学校の種類ごとの目的や具体的な目標は，1947（昭和22）年に公布された「学校教育法」によって定義されている。学校教育法の第1条（学校の定義）で規定された学校（現在は9種類）について，それぞれ教育の目的と目標が示されている。各学校について確認すべきであろう。またこの年，文部省は教育現場における実践の手引き書として学習指導要領試案を発行した。

[2] 教育の開放

　人々の通常の教育を考えていく上で基本となるのは学校教育であり，その体系は人々の意識や存立する社会構造を反映しているために，変えようと思ってもすぐにできるものではない。わが国の場合，さいわいにもその機会はこれまでに2度あった。明治維新後と第2次世界大戦後の教育改革がそれである。

学校系統

　学校教育系統を歴史的に類型化していくと，複線型，分岐型，単線型と大きく三つに分類できる。複線型は教育課程がいくつか並列している形であり，その相互の乗り入れなどの接続はほとんど考慮されていない。これはかつてヨーロッパにて見られた型である。古くから階級社会であり，世襲意識の強いヨーロッパ社会では，初等教育段階から高等教育段階まで，貴族階級と市民階級の学校系統がそれぞれ別々に発達してきた。しかし複線型は，今日で主流となっている教育の機会均等という理念が実現できにくいものであるので，制度上はほとんど見られなくなった。

　現在もっとも多いのが単線型である。アメリカ合衆国（巻末の学校系統図を参照）がその典型であり，教育をすべての人々に開放して，機会均等という理念を実現している。そして複線型と単線型の中間に位置するのが分岐型である。フォーク型とも言われ，初等教育段階では単線であるが，中等あるいは高等教育段階から複線になる型で，ドイツやイギリス（イギリスはとくに三分岐法とよばれていた）がその代表例である。

日本の学校系統

　さて，日本の学校系統はどのようなものであろうか。日本の場合，明治時代は単線型であったが，時代とともに初等教育段階で進路が分かれる分岐型の形をとるようになった。そして戦後は，アメリカ合衆国の教育制度をもとにしたために単線型として再構築された。しかし，巻末の学校系統図を見るとわかるように，今日では単純な単線型とも言いにくく，相互の乗り入れがある分岐型の様相を呈するようになりつつある。

[3] 教育委員会制度

　アメリカ教育使節団第1次報告にもとづいて教育刷新委員会が設置され，こ

れらの提言を受けて，戦後の教育行政はすべて，教育の民主化を実現することから始まった。新しい憲法のもとでの教育基本法が制定され，その後の具体的な再建はいくつかの原則，すなわち法律主義，地方分権，一般行政からの独立の諸原則に則って行われた。

教育委員会

　戦後の教育改革の原則にしたがって，わが国では新たに教育委員会制度が導入され，「教育委員会法」が1948（昭和23）年に公布された。教育委員会は予算案や条例案などの議案を議会に提出する権限を持つ独立した機関であり，教育委員の選任は公選制であった。1956（昭和31）年，政治的中立性の確保と一般行政の実情との調和を図るために，教育委員会法は「地方教育行政の組織及び運営に関する法律」（地教行法）へと改正され，教育委員は首長が議会の同意を得て任命することになった。同時に教育長の任命にさいしては，文部大臣や都道府県教育委員会の承認を必要とする教育長任命承認制度が導入された。地教行法はその後何度か改正されている。

首長の権限強化と総合教育会議の設置

　2014（平成26）年，地教行法は大きく改正され，新しい教育委員会制度は2015年度から施行となった。従来の教育委員会制度は，政治的中立性の確保，継続性・安定性の確保，住民の意向の確保という原則を持っていたが，さらに民意を反映させるため自治体首長の権限が強化され，自治体の教育方針（大綱）を策定する首長主宰の総合教育会議の設置が義務づけられた。

　教育行政においては，従来の教育委員長（非常勤）と教育長（常勤）を統合した新しい教育長（常勤で任期3年）を代表とする教育委員会が，上記の総合教育会議にも参加する。そして教育委員会はこれまで通り教職員の人事や教科書採択なども権限を持つ。また新教育長は事務局としての教育委員会も指揮・監督し，行政対応や教育問題対応への迅速化と責任の明確化を目指す。

　今回の改正によって，首長は重要教育政策を協議する総合教育会議を主宰し，大綱を策定し，さらに議会の同意を得て教育長を任命・罷免を行うことができるため，首長の意向が大きく関わるようになった。しかし，総合教育会議の位置づけや大綱の内容が不明確であったり，教育の政治的中立が確保できない懸念があったり，学校教育に偏った改革であったり，まだ改善の余地がある。し

たがって，今後の動向が引き続き注目される。

[4] 新学力観と生きる力
新学力観
　これからの社会の特徴として予想されるのは，①生涯学習社会，②少子高齢化社会，③国際化・情報化社会という三つの性格であり，このような社会で教育に求められるものとしては，自ら学ぶ意欲，社会の変化に主体的に対応できる能力，基礎・基本学習の徹底，個性を活かすことなどが挙げられる。そのようなこれからの教育に求められる学力を総称して，新学力観とよんでいる。平成元年改訂の学習指導要領では，これまでの知識に偏重した教育からの脱却を目指し，思考力や判断力や表現力などの創造的認知能力と，自己効力感や交流感や自己決定に裏づけされた内発的な学習意欲の育成を重視している。

生きる力
　そしてさらに平成8年の中央教育審議会では，これからの子どもに必要なこととして，変化の激しい社会を乗り切るための生きる力を提唱した。この生きる力というのは，当たり前の考え方であるがゆえにその定義は難しい。あえてその特徴を挙げるとすれば，①自分で課題を見つけ自ら学び，自ら考え，主体的に判断して行動し，よりよく問題を解決する能力，②自らを律しつつ，他人と協調し，他人を思いやる心や感動する心など豊かな人間性とたくましく生きるための健康や体力，の二つが適切であろう。
　この新学力観と生きる力という考え方が日本の教育学に与えた影響は大きく，ある意味，戦後日本の教育行政の軌跡が凝縮された概念でもある。

[5] 教育基本法と学校教育法の改正
教育基本法改正（2006）
　2006（平成18）年12月15日，第1次安倍内閣のもと新しい教育基本法が成立し，12月22日に公布・施行された。教育基本法は戦後1947（昭和22）年の制定以来，一度も改正されたことがなく，実に59年ぶりの改正である。ここに至った背景は，わが国の教育制度の基軸を支えてきた旧教育基本法も，教育をめぐるさまざまな状況の変化や諸課題そして政治的要請などへ対応するため

に改正が必要と判断されたためのことである。

　新法は旧法と比べて，理念や文言など踏襲されている部分も多く，基本的な方向性としては同じであると言えるが，今回の改正の特徴として挙げられるのは，前文における公共の精神や伝統の強調，国や郷土を愛するなどの教育目標の定立，生涯学習理念や家庭教育あるいは幼児教育などへの言及である。

　旧法が長い年月を通じて理解され，信頼を獲得してきたように，新教育基本法もこれからどのように解釈されて政策へ反映されていくのか，未来へ与える影響が大きいので，われわれは思慮深く対応し，継続的に見守る必要がある。

学校教育法改正（2007）

　教育基本法の改正を受けて，さらに2007（平成19）年6月には「学校教育法等の一部を改正する法律」（法律第96号）を公布した。理念等は継承しているが，これまでのつぎはぎだらけになっていた条・項・号をすべて整理しており，名目上，一部を改正するとはなっているものの大幅な改正となった。

アクティヴ・ラーニングのために
❶ 自分たちの身近な地域で寺子屋がどのように運営されていたのか，図書館や資料館などで調べて発表してみる。
❷ 明治から現在までの教育関連法規の制定過程と内容を整理してまとめてみる。
❸ 巻末の学校の系統図を参考に，各国の学校制度や実情を詳しく調べてみる。
❹ 現在話題となっている教育や学校に関するニュースを調べてみる。
❺ 教育における「不易流行」とはどのような意味があるか議論してみる。

第**4**章

教育方法の基礎理論

1. 教育方法論の基礎原理と歴史

[1] 学習指導と教育方法

　まず言葉の意味から押さえていきたい。用語としての「学習指導」は「教授」とも表現されるが，英語ではどちらも teaching であって，両者の間にとくに大きな相違はない。方法としての「学習指導」という語は教育史的に見ると比較的新しく，それ以前の17世紀頃に確立した教授学（didactic）と関連して「教授法」とよばれることが多かった。「教授法に代わる言葉として学習指導という言葉が一般化したのはおそらく大正年間の中期に奈良女高師附属小学校で学習法が主唱された頃からであろうが，それが支配的な力をもつ言葉となったのは比較的新しいことである」（細谷俊夫『教育方法』1-2頁）とも言われているので，日本での受容もその時期であろう。

　もう一つの用語である「教育方法」は，上で説明した「学習指導」よりもさらに新しい言葉であり，1949（昭和24）年に制定された教育職員免許法で，教育方法が教職科目に加わったことで一般的になった。学問としての「教育方法学」という用語はそれに該当する英語表記が明確でなく，授業研究（research on teaching），教授学習研究（research of instruction and learning），カリキュラム研究（curriculum studies），教室研究（classroom research）などの領域を含むものであり，すべてを包括する学問である。それゆえ，「教育方法」という言葉に含まれているのは，教科教育，道徳教育，特別活動，課外活動，生活指導などの学校教育のすべての領域に関わるものの方法であり，これが広義の教育方法である。これに対して，狭義の教育方法は授業研究に代表

される教科教育の方法であり，教授法以来の伝統的な分野でもある。

　教育方法は，その対象の包括性ゆえ，学際的な性格を有するものであり，複合的で総合的なものである。そのあたりの事情について「教育方法学の研究は，2つの性格を異にする研究に具体化されて展開してきた。一つは，教育方法学の対象（授業，学習，カリキュラム，教師）に関する問題を特定のディシプリンを基礎として探求する研究（disciplinary research）であり，もう一つは，教室における具体的な問題の解決を追求する実践的探求（practical inquiry）である」（佐藤学『教育方法学』4-5頁）という説明があるのも納得がいくことであろう。

［2］教育方法の基本原理

　教育活動の原理を考察する場合，われわれはギリシア時代以前にまで遡らなければならないことは，第2章の教育史に関する記述で十分納得できるであろう。実は教育方法についても同様で，教育の本質である「学ぶ」と「教える」という行為についての原理は，古くからさまざまな主張がある。そこで以下では，古くからある教育方法のいくつかを紹介してみる。

注入主義と開発主義

　古代ギリシアのソフィスト（知者）たちの多くは，知識の伝達を教育としてみなしており，知識ある者が未熟な者に対して一方的に教育を行うという考え方を注入主義（indoctrination）という。そこには，注入されるもの（教育内容）に対する批判や検討といった要素はなく，ただ詰め込むことが目的とされることが多い。それゆえに詰め込み教育と揶揄されることもあるが，教育内容によっては，暗記が有効な場合もあるので，使い分けが必要であろう。

　一方，ソクラテス（Sokrates, B.C.470頃-B.C.399）の教育方法の基本は，相手との問答や対話や討論である。ソクラテスの場合，自分は無知であることを出発点としていたので（無知の知），師が弟子に何かを教えるというスタイルではなく，対話によってお互いがドクサ（教条）から開放され，真理へ向かっていくことを求めたのである。そのため彼の教育方法を「問答法」と称したり，あるいはソクラテスの母親が産婆であったと伝えられていることから，産婆が赤子を取り上げるように，ソクラテスは人々の内面にあるものを引き出すとい

う意味から助産（産婆）術とよんだりもしている。この問答法や助産術が開発主義（developmentalism）である。

また，カント（Kant, I., 1724-1804）が人間を「教育されなければならない唯一の被造物」や「教育によって，はじめて人間となる」と規定したことで提示した，教育されるべき人間（Homo educandus）像は，積極的な教育の必要性を述べているので一種の注入主義とも受け取れる。それとは逆に，ペスタロッチ（Pestalozzi, J. H., 1746-1827）が人間の内的な可能性を信じて，その能力を完全なものにまで発展させようと考えた教育方法は開発主義であろう。ペスタロッチ由来の開発主義は，1880年代に日本でも盛んに導入され，教師の問いと生徒の答えで進行していく方法がもてはやされたが，形式に囚われるのではなく，発問内容などをよく吟味してもらいたい。

形式陶冶と実質陶冶

「陶冶」とは第1章でも述べたようにドイツ語のビルドゥング（Bildung）の訳語であり，今日では「人間形成」と訳すことが一般的である。「陶」も「冶」もどちらも「形づくる」という意味であり，もともとは陶器を作ることや鋳物を鋳ることを意味する言葉であった。教育において，知識や技能よりも，観察，知覚，注意，記憶，想像，推理，思考，感情，意志など精神的能力の教育を目指すのが形式陶冶（formale Bildung/formal discipline）であり，そうではなく具体的で客観的な知識や生活に役立つ内容の教育を目指すのが実質陶冶（materiale Bildung/substantive discipline）である。

形式陶冶の考えでは，古典語や数学などの教養的教科は精神的能力を高め，高潔な人格を形成するとして古くから推奨されていた。逆に国語や歴史などの教科は重要視されず，これが教育内容にも反映されていた。形式陶冶の支持者として，ロック（Locke, J., 1632-1704），ルソー（Rousseau, J-J., 1712-1778），ペスタロッチ，シュライエルマッハー（Schleiermacher, F. E. D., 1768-1834）などがいた。ロックによると教育の課題は，子どもの精神内容を豊かにすることではなくて，精神の力をいかに錬磨していくのかという点であり，子どもを教育する上での教育内容の良し悪しは，その内容や教材によって子どもの精神的諸能力がいかに刺激されて高められていくのかによって評価された。全体的な傾向として，形式陶冶を重視する教育者は，中世以来の封建的な教養主義教

育や注入主義教育に対して反発した人々であった。

　一方，実質陶冶ではそれまで軽視されてきた実学（実用性に重きを置く知識内容）を教育内容の中心に据えた。近代教育学の祖とよばれるコメニウス（Comenius, J. A., 1592-1670）は系統的な教授を確立した人物で，理科や地理や歴史といった内容的教科を重視した実質陶冶の代表的教育者である。

　形式陶冶と実質陶冶については教育内容が関わっているが，歴史的変遷から言えば，子どもに対しての教育内容は，国語や数学などの用具教科とよばれるものから出発し，理科や地理や歴史などの内容教科がこれに加わり，また同時に音楽や図画工作などの技能教科が加わり，最後になって家庭科などの生活教科が加わった。伝統的教育内容の七自由科から新しい教育内容への移行は，科学的知識の普及によって，種々の知識が増大したことも原因でもあった。

教育者中心主義と子ども中心主義

　教授法という言葉は，教授する者つまり教える側の視点で教育を捉えている。教育者側からの教育方法の模索は，一方的な主張も多く，教育対象者に対する配慮に欠ける場合が多かった。それを見直すきっかけを作ったのが，ルソーである。それまでの教育学では，大人の教育しか言及されなかったが，彼はその主著『エミール』（1762）のなかで，子どもを独自の存在と考え，子ども固有の捉え方によってその特性の把握に努める必要があることを主張した。それゆえルソーは「子どもの発見者」とよばれるのである。

積極教育と消極教育

　同じくルソーは，消極教育という考え方を教育学に持ち込んだ。積極教育では，大人が子どもの将来を先取りして必要なことを積極的に教える。しかし消極教育とは消極的な教育というよりもむしろ，積極的に教育を行わない姿勢を指すのであり，教育者側からの一方的な注入教育ではない。消極教育の背景には，子どもには自己の内面に自己発達の能力が本性的に備わっているので，教育者はあくまでも子どもたちの自己発達の援助者であるべきだという認識がある。そのため教育者に求められるのは，子どもを見守ること，子どもと一緒に学んでいく態度である。

　消極教育は，教育における遊びや運動や労働の重視へとつながっていった。カンペ（Campe, J. H., 1746-1818）は子どもの自由な自己活動の必要性を示し，

そのため，遊びと労働の教育的意義を高く評価した。一方で，敬虔主義（ピエティスムス，Pietismus）の思想家は遊戯性悪論を展開した。

指導か放任か，管理教育か自由教育か，と今日でも議論されることが多い。しかし，魅力的に聞こえる自由教育や消極教育も，管理教育や積極教育を推進する立場から見れば，自由という名の教育放棄であると批判されることもあり，教育学を学ぶ者はそれぞれどちらの主張にも冷静に対応することが求められるであろう。

性善説と性悪説

人間の本性は善であるとする性善説も，その逆に人間の本性は悪であるとする性悪説もどちらも古くからある議論であり，中国古典をとおし，日本人にもなじみがあった。

中国思想において性善説を主張した代表的人物は，「孟母三遷」や「孟母断機」の教えでも有名な孟子（B.C.372頃-B.C.289頃）である。彼は，人間の本性は善であるし，そして人間は善を行おうとする意志を本来持っているのであって，その証拠として，有名な「四端の心」（惻隠の心，羞悪の心，辞譲の心，是非の心）を持ち出した。それに反して，人間は先天的に悪であるという「性悪説」を主張した代表的人物は荀子（B.C.298頃-B.C.235頃）である。彼は，性善説は後天的な矯正によるものであり，生まれつき悪である人間を放任しておけば，節度を越えて放縦になり社会的混乱を来すので，礼による矯正教育を主張した。

同様の議論はヨーロッパにもある。性善説は古代ギリシアのヒューマニズム的人間観以来の伝統があり，ルソーが根拠にしたところである。有名な「万物を作るものの手をはなれるとき，すべてはよいものであるが，人間の手にうつるとすべてが悪くなる」（『エミール』第1編）という文でルソーが述べるのは，人間は生まれつき善であるのだが，成長するにつれて人為的な干渉が多くなり，悪い心が生じてくるということである。そのため教育において重要なのは，子ども時代の善なる本性を汚すことなく，周囲の大人はあまり干渉すべきではないとする主張であった。

一方，ヨーロッパにおいての性悪説的見解はキリスト教の原罪（original sin）概念によって出来するという見方もある。原罪とは，人間は皆，生まれながら

にしてすでに罪を背負っているという考えであり，とくに中世においては，教育によってその罪を贖うことが求められたりした。

個性重視と社会性重視

先の説明と重なる部分があるが，教育の作用を考えた上で，子どもの個性を伸ばすことを中心にしていくのか，あるいはしつけなどの社会性を身につけさせることを中心に考えていくのかという方針の違いから，個性重視か社会性重視か問われることがある。たとえば，ルソーの教育思想を継承したのが汎愛主義（Philanthropismus）であるが，そのなかでも家庭における母親による教育を基調とした家庭中心の幼児教育を提唱したのが，ストゥーヴェ（Stuve, J., 1752-1793）やヴォルケ（Wolke, C. H., 1742-1825）である。一方，汎愛派でも集団中心の幼児教育を提唱し，子どもに市民モラルの育成を求めたのが，汎愛学校の創設者バゼドー（Basedow, J. B., 1723-1790）や，あるいはホイジンガー（Heusinger, J. H. G., 1767-1837）である。日本では，第3章で説明した倉橋惣三（1882-1955）と城戸幡太郎（1893-1985）が有名である。

[3] 一般的な学習形態

個別学習

中世や近世においては，学校といっても年齢や能力に統一性はなく，学習者が雑然と無計画に集まっていただけであって，教師は生徒を一人ひとり呼び出して教えていく個別学習的な形態がとられていた。16世紀頃からコメニウス（1592-1670）やラ・サール（La Salle, J. B., 1651-1719）らによって，学級を単位とした教育システムが考案されてきたが，個別学習は伝統的授業形態であり，19世紀末まで主流形態として存続していた国もある。日本の寺子屋なども基本的には個別学習であった。

モニトリアル・システムと一斉教授

現在のような，一人の教師が多数の生徒を一斉に教える授業形態の出現は意外にも18世紀末から19世紀初頭にかけてのことであり，近代の学校制度や学級組織の発達と関係している。イングランド国教会の従軍牧師ベル（Bell, A., 1753-1832）は，派遣先のインドで，従来の助手（usher）ではなく助教（monitor）を使った教育方法，つまり生徒どうしが教え合うというモニトリアル・システ

ム（monitorial system，助教法）を考案し実践した。この注入的管理的ではあるが効率的経済的な教育実践を参考に，本国イギリスにおいて，クウェーカー教徒のランカスター（Lancaster, J., 1778-1838）は学習進度に合わせた学級を組織し，生徒どうしの競争と助教の分業を組み合わせたシステムを1800年前後に開発し，勢力を拡大した。その背景としては，産業革命で急増した多くの工場労働に携わる子どもを社会悪から保護するためにも教育を施すことが要請されたためである。

　こうして，近代の学校制度の前提となる一斉授業の形態が誕生したが，国教会と非国教会という宗教間の対立，教育内容の多様化と高度化，生徒の間に進度の差が広がると対応できなかったり，あるいは生徒の学習意欲の継続が困難であったり，生徒の個性に対応できないなどの欠点も問題視され，その後さまざまな授業形態が提起されるようなった。

　そうしたモニトリアル・システムの反省点をふまえ，劇場の観客のように配置した数十人の生徒に教師が直接教えるという一斉教授のスタイルが登場した。だが，教師の能力や給与水準の維持，あるいは学習環境の整備の過程において国家の介入を招き，学級を基盤とする公教育制度が誕生することとなる。

学級の変容

　こうして一斉教授の形態が誕生し，さまざまな変容を繰り返しながら今日に至っている。その過程では，「最大多数の最大幸福」で有名な功利主義者ベンサム（Bentham, J., 1748-1832）のパノプティコン（panopticon，一望監視）原理などに代表される監視や支配の構図も織り込まれていったとも言えよう。

　そのように管理を強める一方で，ルソーやペスタロッチやフレーベルらの子ども中心主義の教育実践も同時に広まっていた。これら相反する方向性や価値観を学校・学級というシステムに包括することは，不安定な状況や複雑な問題を引き起こす可能性もあり，学校・学級は国家や社会や宗教から一定の中立を保つことで各方面からの干渉を避けようとし，結果として，学校・学級という独特の空間を形成することとなった。

[4] **教育改革による新しい教育方法論**

　20世紀初頭，学校教育は早くも画一的で硬直的であるとの批判を受けるよ

うになった。そこで新たな教育方法の模索が行われ始めたが，それはしだいに，新教育運動という教育改革へと進んでいった。諸々の新教育運動それぞれに特徴があるが，共通しているのは「子どもから」（vom Kinde aus）という考え方であった。

デューイの学習指導方法

デューイ（Dewey, J., 1859-1952）は子どもを中心とした新教育運動を提唱した。デューイについては第2章でも述べられているので，ここでは繰り返さないが，彼は教師が中心となって計画的に授業を行っていく学習方法ではなくて，生徒の興味や関心を重視し，自ら問題を解決していこうとする意識や自ら学ぼうとする意欲を起こさせる学習指導法を提案した。彼が目指したのは，子どもの心理的発達と理論的発達と社会的発達を学校教育のもとで統合することであり，学校が社会から隔離された機関としてではなく，学校教育を民主主義社会のなかで再組織化しようとした点にある。

彼はシカゴ大学に実験学校（laboratory school）であるデューイ・スクールを1896年に設置した。この学校は生徒140人に対して教師が23人と10人のアシスタントを配置するという恵まれた環境を備えており，デューイが1904年にコロンビア大学に移ってからは，コロンビア大学のティーチャーズ・カレッジ付設のリンカーン・スクールが教育改革の潮流（進歩主義教育運動）の中心となった。

プロジェクト・メソッド

プロジェクト・メソッド（project method）とは，コロンビア大学ティーチャーズ・カレッジ付設のリンカーン・スクールでデューイの教え子キルパトリック（Kilpatrick, W. H., 1871-1965）が1918年に提唱した子ども中心の教育のことである。プロジェクトとは，社会的環境のなかで全精神を打ち込んで行われる目的達成活動のことであり，プロジェクト・メソッドはその目的達成活動の遂行である。一つのプロジェクトは「目的・計画・実行・判断」で構成されており，プロジェクトの形態は四つある。第一に，工作をしたり作文を書いたりするなどの，いろいろなものを具体的な形あるものに作り上げることを目的とする生産プロジェクト。第二に，音楽を聴いたり絵画を鑑賞したりするなどの，美的経験を得ることを目的とする鑑賞プロジェクト。第三に，社会的な問

題を考えるなどの，問題を解くことを目的とする問題解決プロジェクト。そして第四に，楽器を演奏するなどの，知識や技能の習得を目的とする練習プロジェクトである。それぞれのプロジェクトでは，知性的経験だけでなく付随学習としての道徳的・社会的態度の形成にも力を入れており，それが個人の性格の一部となって定着すると考えられた。これらの単元的な教育方法は日本にも多大な影響を与えた。

ドルトン・プラン

1920年に，合衆国のパーカースト女史（Parkhurst, H., 1887-1973）がマサチューセッツ州ドルトン市の学校にて実施したのがドルトン・プラン（Dalton plan）である。特徴は，アサインメント（assignment，契約）という学習計画にしたがって学習が行われ，生徒は自分のペースで，教科ごとに好きな時間配分で学習する点である。さらに，国語や数学や社会や外国語などの主要科目は，従来の学級組織を解体して実験室（laboratory）とよばれる部屋を教科別に設け，生徒はその実験室で教科専門の教師の指導を受けながら自学し，音楽や美術や体育などの副次的教科は学級で学習した。このようにドルトン・プランでは時間割にしたがった一斉授業ではなくて，生徒一人ひとりの個別化した学習が徹底されているのであり，日本でも大正時代に成城小学校と明星学園を中心に積極的に取り入れられた。

ウィネトカ・プラン

1919年，イリノイ州ウィネトカ市の教育長ウォシュバーン（Washburne, C. W., 1889-1968）が実施したのがウィネトカ・プラン（Winnetka plan，ウインネッカ・システム）である。これも伝統的な一斉教育は画一的であるとして廃止し，個人差に応じた個別学習を中心にした学習法である。共通必修教科である「読（reading）・書（writing）・算（arithmetic）」（3R's）の学習は能力別個別学習を徹底させ，その一方で創造的集団活動を多く取り入れるなど生徒の興味や自発性を尊重することで，生徒の社会化を促進させた。

モリソン・プラン

プロジェクト・メソッドやドルトン・プランやウィネトカ・プランなどの新しい学習指導法の要素を取り入れて，かつ伝統的なヘルバルトの形式的段階教授法を取り入れたのが，モリソン（Morrison, H.C., 1871-1945）の考案したモ

リソン・プラン（Morrison plan）である。モリソン・プランでは教科を，科学型，鑑賞型，言語型，実科型，純粋練習型と分類し，それぞれの教科内容を包括的で意味のある一つのまとまり（学習単元）に組織し，たとえば科学型の科目ならば，探求–提示–類化–組織化–発表の五段階によって学習を発展させようとした。モリソン・プランは一見するとヘルバルトの段階教授法と類似しているが，学習単元を中心にして包括的に組織化した部分がヘルバルトとは異なる。

ティーム・ティーチング

1957年にハーバード大学で考案されたのがティーム・ティーチング（team teaching）である。ティーム・ティーチングとは，複数の教師が学級の枠を越えたグループや集団を指導する方法であり，それぞれの教科の性格によって自在にその規模や形態を変化させ，場合によっては学年の枠組みをも取り払うこともある。場面に応じて適宜に枠を伸縮させることで，一斉授業ではなかなか持続させるのが難しい生徒の学習意欲を刺激し，学習活動が画一化されずに充実したものとなることが期待できる。

2. 教育課程論の基礎原理と歴史

[1] 教育方法と教育課程

教育方法を考えるさいに同時に考えなければならないのがカリキュラム（教育課程）である。カリキュラム（curriculum）の語源はラテン語のcurrereで，「走るコース」と「走ること自体」を指していたが，学校教育の教育課程としての意味を持つようになったのは近代のことである。今日では，たとえば小学校の教育課程とは「教科」「特別の教科 道徳」「特別活動」「総合的な学習の時間」「外国語活動」の五つであり，その他に「課外指導」や「休み時間や放課後」や「校外生活」などがあり，これらを総合したものが「学校における教育活動全体」である。

ちなみに本書では，「教育課程」とは学校などの教育機関によって示される計画を指すのであり，「教育過程」はさらに広い意味で，学校に限定されない教育のプロセスを指して使い分けているので，その違いに留意してほしい。

[2] ヘルバルトと後継者たち

　学習指導の過程は人々が長い期間をかけ考察と検証を繰り返して探ってきたものであり，現在の学習指導の過程は，その試行錯誤の歴史の上に成り立っている。そこで，教育史で代表的な学習指導過程論（教授過程論）を見てみる。

ヘルバルトの教授段階説

　既述のコメニウスやペスタロッチなどの伝統的な教育方法論を継承しつつ，学習指導の方法を研究する教授学を教育学の主柱へと据えることで，後世へ大きな影響を与えたのがヘルバルト（Herbart, J. F., 1776-1841）である。ヘルバルトはフィヒテ（Fichte, J. G., 1762-1814）の友人でもあり，1809年にかつてカントが就いていた講座の教授に招聘された。ヘルバルトの講じた教育学は，その目的を倫理学に求め，教育の中心的な目的は品性の形成であると述べ，教育方法の構築にあたっては心理学を参考にした。そのため，彼の教育方法の理論には当時の心理学的な成果が導入されており，それまでの教育方法論とは異なり，近代的なものである。

　彼は教育の過程を管理（Regierung），教授（Unterricht），訓練（Zucht）の三つに分類した。①管理とは，生徒の欲望や行動を抑制して教育の場の秩序を保ち，この秩序のなかで次の教授や訓練が効果的に行うことができるようにすることである。②教授とは，教材をとおして品性の形成に役立つ知識を与えることである。③訓練とは，教授によって与えられた知識を生徒の心情や意志に深く訴えていくことで内面化することである。この三つのうち，当然，教授活動が実際の教育では中心となり，その意味で，品性の形成（Charakterbildung）は教育の究極的な目的である。この教授の過程で大切なのは，生徒が興味（Interesse）を持つことであり，その興味こそが知識を定着させてさらに拡大させるのである。そこで彼は，興味の概念を中心原理とした教育過程を，形式的段階に分けて説明している。

　ヘルバルトは，ペスタロッチが提起した直観から概念への移行問題に取り組み，興味が惹き起こるのは，すでにある表象群が新しい表象を類型化するときであると考えた。その素地として，対象に没入してその他の対象を意識から排除しようとする専心（Vertiefung，専一，集中）と，意識にあるいくつもの表象を統合して一般化する致思（Besinnung，思慮，結合）の二つの作用に分類

し，この二つをそれぞれ静的と動的の二つの段階に分類して，①明瞭（Klarhei）-②連合（Assoziation）-③系統（System）-④方法（Methode）の四段階に整理した。すなわち，新しい概念を生徒に教えるためには，①その学習内容を明瞭（静的専心，表示すること）に伝えるために他の学習教材と区別していく。②そこで得られた新しい概念を，すでにその生徒が持っている知識と結びつけることで連合（動的専心，結合すること）させる。③さらにその新しい概念が生徒の内面で系統（静的致思，教えること）化されて一般的な観念の発展を図る。④最後にそれらを具体的な方法（動的致思，哲学すること）で実践することで日常生活に活かすことができる，と考えた。このような明瞭-連合-系統-方法の過程が，ヘルバルトの四段階教授説や段階的教授説，あるいは教授段階説とよばれるものである。彼によって教育学は学問的に体系化されていき，彼の主著『一般教育学』（*Allgemeine Pädagogik, aus dem Zweck der Erziehung abgeleitet*, 1806）は現代教育学の出発点であった。

ヘルバルト派の教授段階説

　ヘルバルトの影響は大きく，そのなかでもツィラー（チラー，Ziller,T., 1817-1882）はヘルバルトの教授段階説をさらに発展させた。ツィラーはヘルバルトの四段階教授説の第一段階である明瞭を，分析（Analyse）と総合（Synthese）の二つに分け，分析-総合-連合-系統-方法の五段階教授説を唱えた。またツィラーは，教科を教える順序について文化史的発達段階に基づいた配列をすべきであると主張したり，教育課程のなかに中心教科を置いて，他の教科をその中心教科に有機的に関連させる中心統合法（Konzentration），あるいは形式的段階説を主張したりした。

　同じくヘルバルト派の流れをくむライン（Rein, W., 1847-1929）は，ツィラーの五段階教授説や中心統合法などを受け継ぎさらに発展させた。彼はツィラーの五段階をそれぞれ，予備（Vorbereitung）-提示（Darbietung）-比較（Verknüpfung）-総括（Zusammenfassung）-応用（Anwendung）へと変更した。しかし，これは単なる名称の変更ではなく，観点の変更であった。なぜなら，ヘルバルトやツィラーの教育方法は，教授される側である生徒の心理的過程を中心にして考察されたものであったが，ラインの五段階教授説は，教授する側である教師の側から考察したものであり，教師の活動の手続きに関わるも

のであったためである。

　予備とは，新しい概念を教える前に，これまで学んだ関連概念を思い起こさせて整理することで，生徒の学習に臨む準備をあらかじめ行うことである。提示とは，新しい概念や内容を説明するなどして生徒に提供することである。比較とは，提示された新しい概念や内容を，既知の概念や内容と比較することである。総括は概括ともよばれ，新しい概念や内容をすでに内面にある体系へと一体化させて，まとめを行うことである。応用とは，こうして得た新しい概念や内容を実践的に適用することである。

　このラインが主張した五段階教授説は，そのわかりやすさも手伝って，世界各国に紹介された。日本においてヘルバルト派の教育学は，1887（明治20）年にハウスクネヒト（Hausknecht, E., 1853-1927）が紹介し，それ以降，ヘルバルト派の教授段階説は日本の学習指導方法に積極的に取り入れられ，昭和前期まで学校教育の主流的方法であった。

[3] 新しい教育過程論
オコンの教授過程論

　子ども中心に教育を組み立てていく「子どもから」を合言葉に世界中に広がっていった新教育運動も，20世紀半ばには子どもを中心とした学習指導方法の限界や批判が目につくようになる。そこで教師中心のより合理性や客観的な学習指導方法が，とくにヨーロッパで求められ，ポーランドのオコン（Okoń, W., 1914-2011）の説が注目された。オコンや旧東欧の教育学者たちは，17世紀のラトケやコメニウスに端を発する伝統的な教授学を継承しながら，合理的で客観的な教授論を目指して発展させていった。

　彼は優れた教師の授業を観察・分析し，教師の観点からの新しい教育過程論を提唱した。その教授過程は大きく三つの段階からなる。第一段階として，生徒は直観によって新しい知識を捉えるので，教師は生徒の興味をうまく引き出す。第二段階では，生徒が得た知識は思考によって分析や比較や統合されて一般的な知識になるので，それを反復させることで定着させる。第三段階では，その獲得した知識を実践的に応用させることで，理論と実践を統合する。こうした一連の過程が授業になるのであり，最後に授業の結果を点検し，成果を評

価していく。これがオコンの考えた授業の流れである。彼の教授過程論は，知識の教授を中心とした伝統的な教授学を取り入れつつも，直観−思考−実践という新たな理論を打ち出した。

タイラーの原理

1950年代以降に，心理学や行動科学などの学問成果を積極的に取り入れたいくつかの提案が出された。その最初が，シカゴ大学のタイラー（Tyler, R. W., 1902-1995）が書いた『カリキュラムと教授の基礎原理』（1949年）である。タイラーは社会的効率主義やデューイらの進歩主義の伝統を継承し，カリキュラムと授業の計画や評価を理論化していき，これが総称でタイラーの原理とよばれた。彼はカリキュラム開発にあたり，①実現しようとする目標，②教育的経験の選択，③選択した教育的経験の組織化，④結果の評価や測定を重視し，その各段階を明確にすることを求めた。これは一般企業の経営モデルに近いものであり，彼はそれを教育に持ち込んだのである。

ブルームの完全習得学習

ブルーム（Bloom, B. S., 1913-1999）はタイラーの原理を基礎とした研究で知られる。彼はさらに完全習得学習（mastery learning）を提唱した。これは，十分に必要な時間と学習への適切な援助を与えるならば，少なくとも90％の生徒はその個性に応じて教育内容を完全に習得することができるという前提に立ち，その上で，学習の個別化と教育の機会均等を実現するために授業の計画を立てるという考えである。その前提を履行するためにも，学習目標を明確化したり，教材や学習活動を改善したりする必要があり，学習過程を効率よく進めようとした。

ブルーナーの発見学習

1957年にソ連（当時）が世界初の人工衛星スプートニク1号の打ち上げに成功したことは，ソ連と熾烈な宇宙開発競争をしていたアメリカ合衆国に大きな危機感を与えた。これがスプートニク・ショックであり，それが引き金になって，1959年に全米アカデミーは著名な科学者や教育学者をウッズホールに集め，教育会議を開催した。その会議の議長を務めたのがブルーナー（Bruner, J. S., 1915-2016）である。彼は1960年に『教育の過程』（*The process of education*）として報告書を出版し，教科構造の根本的な改革を試みた。ウ

ッズホール会議での「最先端の科学を教育内容にする」という提言を受けて，教育内容の現代化を提唱した。彼は，たとえ難しい概念でも理解できるように翻案することで，どの発達段階の子どもにも効果的に教えることができると主張し，学習する者が自らの直観を働かせ，しだいに抽象的で複雑な知識を構造として把握していく学習形態を提案した。これがブルーナーの発見学習（heuristic learning）である。これはそれまでの子ども中心主義者や経験主義者らに衝撃を与えた。

『教育の過程』を契機として，合衆国では教育改革が行われ，その一連の改革のなかで，数学のSMSG（School Mathematics Study Group），物理のPSSC（Physical Science Study Committee），生物のBSCS（Biological Science Curriculum Study），化学のCBA（Chemical Bond Approach）など，大学の研究者らが次々と高校の教科書を作成したり，新カリキュラムを作成したりした。こうしてできたカリキュラムは学問中心カリキュラム（discipline-centered curriculum）とよばれたが，高校での扱いにくさや生徒の学力低下などにより1970年代には改革運動が後退していった。そのさい，新しい方向として期待されたのが，人間中心カリキュラム（humanistic curriculum）だった。これは人間の全面発達を目指し，豊かな人間性の形成を目指すカリキュラムであり，学力重視の姿勢は後退していった。

[4] その他の基本概念

最近接領域

　ブルーナーに心理学的な影響を与えていたのがソ連の心理学者ヴィゴツキー（Vygotsky, L. S., 1896-1934）である。彼によると，人間の学力には，子どもが自力で問題を解くことができるようなすでに完成した水準と，他者による介助や道具によって問題解決が可能となる成熟しつつある水準という二つの水準があり，この水準の差の範囲を発達の最近接領域とよんだ。教育とはこの最近接領域への働きかけであり，そうでなければ発達への貢献はできないと言われている。ヴィゴツキーのこの概念によって，教育の過程において学習が発達に先行して組織されるべきであることが示された。

コア・カリキュラム

　1930年以降にカリフォルニア州教育局カリキュラム委員会が何度か作成したのがカリフォルニア・プランであり，36年作成のプランではコア科目に社会科と理科を選んでいる。また1934年にヴァージニア州教育委員会が作成したヴァージニア・プランでは，スコープ（範囲）を社会生活の主要な場面に設定し，シークエンス（配列）を子どもの興味・関心や発達段階に求めている。これらのプランに代表されるような，総合学習の課程を中核（コア）として他の教科を統合していくのが，コア・カリキュラム（core curriculum）である。コア・カリキュラムでは，従来の教科の枠や領域を廃し，子どもたちが直面する生活の問題を中心にして組み立てていくものである。似たような考え方としては，ツィラーの中心統合法がある。二つの違いは，コア・カリキュラムは経験中心のカリキュラムであるが，中心統合法は教科中心のカリキュラムである。しかし1957年のスプートニク・ショック以降，基礎学力の低下が問題となり，コア・カリキュラムの運動はしだいに下火になっていった。

　コア・カリキュラムは日本には戦後すぐに紹介され，1940年後半から50年代にその研究や実践は盛んになった。明石附小プランなどは日本のコア・カリキュラムの代表的なものである。現在の学習指導要領においては，1989（平成元）年から始まった生活科を見るとわかるように初等教育では経験カリキュラムの色彩が強いが，学年が上がるにしたがって，教科カリキュラム的になっている。わが国において，1998（平成10）年の小学校と中学校の，そして1999（平成11）年の高等学校の学習指導要領で新設された「総合的な学習の時間」は，2002（平成14）年から本格的に実施されており，コア・カリキュラムの理念は今もなお重視されている。その一方で，やはり学力低下の問題も含んでおり，その賛否については議論が続いている。

スコープとシークエンス

　教育課程の具体的決定にさいしては，スコープ（scope）とシークエンス（シーケンス，sequence）の関係を考える必要が出てくる。スコープとは，一定の教育目標を達成するために数ある教育内容のなかから適切なものを選ぶさいの「範囲」や「領域」のことである。シークエンスとは，その選択された教育内容を適切に配列するさいの「順序」や「系列」のことである。

教育内容の選択や配列は，学問的論理や系統などを考慮し，かつ子どもの発達状態や経験の過程を目論む必要があるので，1930年代から40年代にかけてアメリカ合衆国の経験主義的なカリキュラム論の立場で熱心に論じられた。

顕在的カリキュラムと潜在的カリキュラム

顕在的カリキュラム（overt/manifest curriculum）とは目に見えるカリキュラムであり，学習指導要領に基づいて決定され，各学校・学年ごとに明文化されたものである。一方，潜在的カリキュラム（hidden/latent curriculum）とは，計画や意図とは無関係に影響を受けているカリキュラムのことである。大人が思うよりも，教育活動において，生徒たちは教師らの意識や行動などを通じて間接的に影響を受けることが大きく，それが生徒の価値観形成の要因になってしまうことなどが例として挙げられる。

正統的周辺参加論

レイヴ（Lave, J., 1939-）とウェンガー（Wenger, E., 1952-）は，職人などの徒弟的な共同体における学習を調査し，そこでの学習が，共同体の周辺から中心へと移動することで経験していくことに注目した。つまり，全体的な仕事が見える周辺から出発し，しだいに共同体の中心メンバーへと移行する，水平的な過程である。学校の教育課程で組織されている学習は，脱文脈化・脱人称化であり，「教えるカリキュラム」が過剰である。その一方，徒弟的共同体で組織されている学習は，すべてが状況に埋め込まれており，人称化されている。後者では，最小限のことが教えられた後，実際に行うこと，つまり「学ぶカリキュラム」が最大限に用意されている。このような正統的周辺参加論はこれまでの学習の枠組みを改革する可能性を秘めており，注目されている。

3. 教育実践の諸相

[1] 教育実践の計画

われわれの生活において実際に教育を実践する場面はいくつも考えられるが，学校はその最たる場であり，以下，授業を想定して説明したい。

授業の構成として導入-展開-終末の三段階で考える場合が多いが，このような展開は固定的に考えず，弾力的に運用する必要がある。というのも，いざ実

践となるとたくさん留意しなくてはならない点が出てくるためである。たとえば学習の前提として，進度も含めた子どもたちの状態を考えただけでも，想定される学習計画案は多様なものになり，まとめきれなくなってしまう。それゆえ，教師が学級を受け持つ前に学習指導案をまとめて作成するのには限界があり，どうしても実際に教えながら計画を細かく修正していくより他はない。

　上記のような現状を保留した上で話を進めると，一般に計画しなくてはならないのは，発問など教師側が計画している子どもたちへの働きかけである。学習指導においてはこの働きかけは重要であり，内容が理解できるように最大限の考慮をしなくてはならない。そのさいに注意するのは，漠然とした計画や惰性に流されないように，つねにある程度の緊張感を持って学習指導に臨むことであろう。さらに，導入，展開，終末のそれぞれの段階について重層的に考える必要があり，実際の教育計画はたいへん複雑な要素が絡み合うこととなる。

[2] 教育実践の形態

　教育計画の実践の場をここでは学校に限定しているが，その学習の形態について，ある程度類型化して，代表的なものを四つ紹介してみたい。

一斉指導学習

　数人の生徒から，ときには大学のように数百人の学生を対象とする場合まで，一般的な授業形態がこの一斉指導学習である。特徴としては，一度に多くの相手に知識を伝達できるため，効率性に優れている。また教師の側からすると，一方的に知識を伝達するので，教育計画を比較的実現しやすい。しかし，受講者の学習意欲の維持や理解程度の把握が困難であるので，たとえば，講義の前に課題や下調べなどの事前準備を行わせたり，講義の前や途中に小テストなどを組み込んだり，さまざまなメディアを活用したりと工夫することが求められるであろう。

習熟度別学習

　到達度別学習とも言われ，知識の伝達の前や途中で理解度や習熟度を診断し，その段階に応じたクラス編成を行った上で，学習を進めるのが習熟度別学習である。事前に生徒の学力レベルが一定であることが教師側にわかっているので，教育内容や方法を適切に限定しやすい。また生徒の立場からも，その生徒の理

解力に適した授業であることが多く，学力向上の度合いも大きい場合が多い。しかし，事前に一種の選別が行われることで，教師の側にも生徒の側にも心理的な抵抗が強く，この形態の導入にあたっては，算数・数学など学力格差が大きくつきやすい教科目に限定したり，習熟度の診断を頻繁に行ったり，クラスのレベルがわからないようなクラス名をつけたり，クラス編成を弾力的に運用しながらクラス間の交流を活発にしたり，事前に生徒あるいはその保護者の理解を得たりするなどの配慮をする場合が多い。平成16年度の時点ですでに何らかの習熟度別の少人数指導を実施している公立学校の割合は，小学校で81.6％，中学校で72.3％であり，算数や数学での実施率が高くなっている。文科省では，多くの時間で習熟度別・少人数指導を行った学校の方が，少人数指導や発展的指導を行っていない学校よりも学校平均正答数はやや高い傾向があると分析している。

参考資料

'学力向上に習熟度別の少人数指導　国立教育政策研究所'　朝日新聞（2004年6月5日）より

　いつものクラスで授業を受けるよりも，勉強の出来具合に応じたグループに分かれて習うほうが学力がつく。国立教育政策研究所が4日，そんな研究結果を公表した。文部科学省はここ数年，小中学校での「習熟度別指導」や「少人数指導」を勧めている。研究所は，その効果が科学的に裏付けられたと説明している。

　研究所は小学4年と6年の算数，中学2年の数学・英語の4科目について，それぞれ約4000～6000人分の子どものデータを集めた。授業の仕方を7タイプに分け，タイプごとの成績を分析した。

　その結果，小4の算数は「新しい単元の授業を始める前に習熟度を診断してグループに分けて授業する」というタイプがもっとも効果的だった。

　また，小6算数では「習熟度別には分けずクラスを単純に複数のグループに分けて授業をする」，中2数学と中2英語は「クラス全員で授業を受けた後，内容を習得した子はより難しい内容の問題に取り組ませ，理解できていない子には補充指導をする」タイプで効果が高かった。

　この3タイプはいずれも「少人数指導」。通常のクラスで一斉に1人の教員が授業をするタイプ（人数規模別に3タイプ）と，1クラスをＴＴ（チームティーチング）で教員2人が授業をするタイプの計4タイプは，少人数指導の3タイプよりも効果が低かった。

　もっとも，小学校の算数では，子どもが関心や意欲を示したり熱心に取り組んだりするのに効果が出たのは，通常のクラスで一斉に習うタイプだった。研究所は「単純にクラスの人数を小さくすれば効果があるわけではなく，子どもの状況

や科目ごとに指導法を工夫することが大切だ」としている。

「授業のタイプと効果」

	クラス規模	教員	指導	効果のあった授業
(1)	40人	1人	一斉	小4算数・意欲
(2)	30人	1人	一斉	小6算数・意欲
(3)	20人	1人	一斉	
(4)	30～40人	2人	一斉	
(5)	15～20人に分け一斉指導			小6算数・学力
(6)	授業前に習熟度別に分け指導			小4算数・学力
(7)	共通授業後に個々の習熟度に応じて指導			中2数学／英語の学力・意欲

課題中心学習

　学習結果よりも経過を重視するさいに行われるのが課題中心学習である。これは，あるテーマについての課題を中心にして進められ，その課題設定の方法にしたがって，いくつかの類型がある。

　まずは，課題そのものを教師が設定して，その課題について生徒個人や小グループが取り組んでいくのが設定課題学習である。教師は生徒が調べる手段や結論をある程度想像できるので，疑問などに適切に答えつつ，迷っている場合も適切に導くことができる。生徒もみんなで同じ課題に取り組むので進捗状況を把握しやすく，とまどうことも少ない。しかし方法や手段や情報源が限定されるため，結論がほとんど横並びになりやすい。

　さらに課題そのものを生徒に自由に設定させるのが自由課題学習である。ただしたとえ自由であっても学習に無関係であったり公序良俗に反するような不適切で極端なテーマや内容にならないように，また学習の場が成立しなくなるなど無秩序の状態にならないように，教師の側は，テーマや内容について事前に相談を受けたり，課題学習の進み具合をそれとなく把握しておくなどの配慮が必要である。また生徒の側からすると，何をしたらよいのかわからないのでとまどいが大きい。

　設定課題学習と自由課題学習の中間に位置するのが，選択課題学習である。これは，教師があらかじめ複数の課題を設定し，そのなかから生徒が興味・関心のある課題を選択して取り組む形態である。選択課題学習は設定課題学習と自由課題学習の長所を取り入れたものであり，教師の側からも生徒の側からも

比較的受け入れやすいもので、それを発表させるなどすることで、幅広い視野を獲得できる可能性がある。そのさい、特定の課題へ選択が集中しないように配慮する必要がある。

また、その課題解決の過程に体験を組み込むのが体験学習である。体験学習では生徒が主体的に参加できることから、今日多く採用されている。

自由学習

学習のさいの制約をもっとも少なくしたのが自由学習であり、生徒は自らの興味・関心に応じて自由に学習する。具体的に言えば、自由な進度での学習を進めていく自由進度学習や、学年の枠組みを取り去る無学年学習などがある。この場合、教育である以上、自由の範囲などをあらかじめ計画の段階ではっきりさせる必要がある。

[3] **教育と評価**

教育活動を行っていく上で、評価は避けられないものであり、むしろ評価を行うことは教育における基本的な責務である。その場合、評価とは数値で表すとは限らない。そして単に一方的に評価すればよいのではなく、適切な時期や場面や方法を見極め、事前に準備や手順をしっかり把握して公正に行うことが大切である。学校での評価は、学習指導要領において各教科別に示されている四から五つの観点から行われるが、昨今の情報公開の気運の高まりを受け、自治体によっては児童生徒の評価・評定の基準や方法を解説した冊子を保護者全員に配布している教育委員会もあり、このような試みは今後さらに増えると予想される。

それでは基本的な評価の手順を示すと、まず、事前に評価目標を設定することから始める。あらかじめ評価の基準を明確にしておくことで基準が統一でき、評価の揺らぎが回避できる。そして評価に最適な場面・段階で、評価の参考になる資料等を収集する。ここで言う資料とは、出席状況、実施したテスト、提出された作品・レポート・課題などである。そのような収集された資料を採点・吟味などを行い、最終的な評価を下す。おおむね手順についてはこのとおりであるが、以下、教育評価の基準の設置などから分類される代表的な評価方法と、合わせてブルームの主張を紹介したい。

相対評価

　個人の得点などが，母集団の得点分布の状況と比較して，相対的にどの位置にあるかによって評価する方法が相対評価である。相対評価では集団内における個人の成績が相対的に示され，その集団の構成が変化しなければ，個人の継続的な判断が可能であり，さらに母集団数が多ければ多いほど，統計学的に正規分布するので，その評価がわかりやすい。たとえば5段階で学習の結果としての評価を示す評定は，5が7％，4が24％，3が38％などと配分率が決まっており，そのためこの評定は相対評価である。また50が平均値である偏差値も相対評価の代表的なものであり，客観性が高いと言われている。しかし，こうした評価では個人の努力などは結果が表れない限り，評価に盛り込むことができないという批判がある。

絶対評価

　相対評価での批判を受けて最近多くなったのが，あらかじめ到達目標を設定して，成績がどの程度まで達成できたのかを比較する絶対評価である。さらに，到達目標をより項目ごとに細分化して，その到達度を詳細に分析していく方法も増えている。2002（平成14）年度の学習指導要領以降，それまで主流だった相対評価から絶対評価への切り替えが行われ，通知表や指導要録などの公式記録にも絶対評価が採用されるようになった。

　しかし絶対評価の場合，事前準備がかなり必要であり，到達目標や評価基準を明確にしていないと恣意性の高いものとなってしまうので注意が必要である。また，絶対評価の場合，各段階の評価に人数的な制限がないので，学校間格差や特異な分布が多くなったり全体的に評価が高くなったりするため，入試などでは合否判断の材料になりにくく，学校の成績は信頼されず，入試結果を重視するようになる可能性もある。そのため一部では，絶対評価よりも相対評価の方がいまだに信頼されており使い分けられている。絶対評価の精度を高めるための今後の対応として，各教育委員会が適宜調査したり，統一的な客観テストと比較したりすることが検討されるべきであろう。

ポートフォリオ評価とパフォーマンス評価

　一般的なテストなどによる評価では，正解はすなわち得点であり，それがどこまで身について生活の中で活用できるのかというところまでは評価できな

い。そこで，単なる学力の到達度ではなく，生徒それぞれの個性や可能性に着目し，課題に対する思考・判断・表現力も含めて，子どもの能力を数値以外の表現方法で可視化することに力点を置いた評価方法がポートフォリオ評価やパフォーマンス評価である。

ポートフォリオ評価とは学習者の思考や学習の過程で獲得した知識や資料を個人のファイルであるポートフォリオ（portfolio, 書類入れ）へ計画的に保存しておき，それを判断材料とすることで，学習結果よりも学習過程を評価することである。パフォーマンス評価とはパフォーマンス課題に取り組む過程や結果から習得した知識や技能の活用能力を，ルーブリック（rubric）という一種の規準を使って評価する。ポートフォリオ評価もパフォーマンス評価も類似した内容であるため厳密に区別できないが，いずれもこれまでのテストなどの評価における弱点を補うものとして活用が期待されている。

ブルームによる分類

完全習得学習で有名なブルームは，教育評価に関しても三つの重要な分類を挙げている。つまり，診断的評価，形成的評価，総括的評価である。診断的評価とは，新たな学習内容に取りかかる前に，学習者がどれだけ準備されているのか（レディネス）を調べることを目的とする評価である。それによって，学習者に適した水準や内容や方法を選択することができる。形成的評価とは，新しく取り組んでいる教育内容や方法が学習者にとってきちんと理解されているのか，指導法が適切であるのかを判断するための評価であり，この結果を教育者にフィードバックすることで，不適切な場合には臨機応変に修正することが可能である。形成的評価は学習活動のなかで何度か行われるもので，目標にどれだけ近づいているのか時間を追って示しており，結果としてブルームはもっとも重視していた。そして総括的評価とは，学習の最後に総括し，それを次回への反省材料としつつ，学習者の評価を下すものである。この三つの評価を有機的に組み合わせることで，完全習得学習が可能になると考えた。

評価文化

これまで学校教育での評価とは，子どもたちへの評価が主であったが，今日では広く学校経営の評価にまで及んでいる。その意味で，学校における評価文化が根付いてきたと言えるだろう。その場合，評価の判断は教育目的や目標や

さまざまなポリシーと密接に関わるため、それらの規準を明確にするとともに、各規準の体系性や整合性や適切性を加味した自己点検が求められている。

[4] 評価の主観性

相対評価にせよ、絶対評価にせよ、成績評価に関しては極力、評価者の主観を排して、客観的で平等で明確な評価の確保が望まれる。しかし、マークシートなどの選択式テストによる判断ならいざ知らず、評価する主体である教師も人間である以上、評価に主観が混じることもある。そこでよく言及される二つの主観的要因を紹介する。

ピグマリオン効果

ギリシア神話に出てくるキプロス王のピグマリオンは、自分で彫った女性の象牙の像に恋をしてしまった。それを不憫に思った神アフロディテがその像に生命を吹き込んだので、ピグマリオンとその女性は結婚することができたという。そしてノーベル賞作家バーナード・ショー（Shaw, G. B., 1856-1950）が戯曲『ピグマリオン（*Pygmalion*）』を1912年に書いた。そのなかで貧しい花売りは貴婦人へと変貌していくが、そのきっかけは花売りが貴婦人として振る舞うことではなく、周囲より貴婦人として扱われることであった。

どのように扱われるのかによって人間は変化し得るという行動原理から、教師の期待によって子どもは知らず知らずのうちにその期待に応えようとして行動や性格の評価が変化することをピグマリオン効果（pygmalion effect）とよぶ。1964年春にアメリカの教育心理学者ローゼンタール（Rosenthal, R., 1933- ）らが1年から6年までの小学生に学習能力予測テスト（という名前の、単なる知能テスト）を行った。そのうちの無作為に選んだ20％の子どもについて、この子は知的能力が急速に伸びると密かに教師に伝えられると、教師は口外してはいけなかったために潜在的期待を抱いて子どもに接した。半年後、子どもたちはIQ、学科成績、行動評点において成績が上昇したという実験結果が得られたという。

この結果は非常に評判になったのであるが、その後、実験の手続きや考察に批判もあり、他の研究者による再実験によってそのような結論に至らなかったという指摘もされた。そのため、かつてのように頻繁に論及されることはなく

なったが，われわれの身近で思い当たることもあるために，現代でもよく話題に上る。

ハロー効果

　古くからその効果の存在が気づかれていて，言及されていたのがハロー効果（halo effect）である。英語のhalo［発音：héilou］とは，「光輪，後光，光背」の意味である。ある人物が一つの点に秀でていると，その人物は他の点でも優れていると判断される一種の認知的な偏向（bias）のことで，後光効果，光背効果ともよばれる。優れているなど正の意味・方向で判断されることが多いが，その逆の，負のハロー効果というものもある。

[5] 教育における経営

教育経営

　教育学において教育経営（educational administration）と言う場合，この「経営」はおもに利潤を追求する行為ではない。教育経営とは「教育の目的を効果的に達成するために，多様化し多元化している現代の教育主体と教育機能を全体的に捉え，それらを統合し，関連づけるという視点に立って教育の営みを把握していこうとする概念」（河野重男「教育経営」；『新教育学大事典』）のことである。

学校経営

　さらに各学校は，教育課程としてだけでなく，それぞれ組織として機能している。それゆえ能率的・効果的に教育目標を達成するために，校長が中心となって学校が「経営」されている必要がある。ここで言う学校経営（school management/administration）とは，教育主体や教育機関を学校に限定したものであり，「各単位学校において，学校の教育目的の達成を目指して教育活動を編成し展開するなかで，人的・物的等の教育諸条件の整備とその組織運営にかかわる諸活動を管理して実現を図るとともに，その教育活動の持続的な改善を求めた創意的な機能」（児島邦宏「学校経営」；『新教育学大事典』）のことで，学校管理とよばれる場合もある。要するに学校経営は校長を中心として，教職員が一人ひとり役割を持って取り組み，教育目標の達成を目指すものである。このような役割分担を校務分掌とよんでいる。

学級経営

　教育内容や方法に工夫を凝らしたり，崇高な教育目的が述べられたりしていても，日々の授業の中心が学級である以上，その運営は教師にとってもっとも重要なものである。これが学級経営（classroom management）であり，その意味は「学級の教育目標の実現を目指して，学級教育の総合的で意図的な計画を立案し，その効果的な運営と展開を図ること」（児島邦宏「学級経営」；『新教育学大事典』）である。しかしながら，学級経営の概念は，実践的であるがゆえに曖昧な部分が多く，人によってその捉え方も異なるのが実情である。

　小学校の学習指導要領では，学級活動には「学級を単位として，学級や学校の生活の充実と向上を図り，健全な生活態度の育成に資する活動を行うこと」が求められており，中学校ではさらに「学級や学校生活への適応，生徒が当面する諸課題への対応」が要求されている。そして，学級を担任する教師は，生徒についての理解を深め，信頼関係を築いた上で，適切に生徒を指導することが求められる。担任教師の学級での役割は，①努力目標や到達目標などの学級目標の実現，②ホームルーム活動や生徒会活動や学校行事への参加などの特別活動の指導，③入学・進学の準備や教務事務や家庭への連絡などの学級事務の遂行をおもなものとして挙げることができる。

4．教育技術の諸相

[1] 教材・教具の歴史

直観教授

　「直観」とはラテン語でintueriであり，原義としては「ある物を見る」ということである。つまり一般には，感性的な知覚（とくに視覚）によって具体的に事物を把握することを指す。哲学での直観とは，一般的に言われるのは，思惟による推理を用いずに直接に対象を捉えることである。認識論的には，直接に全体かつ本質を認識することであり，そこに何らかの分別が入り込むことはない。プラトン（Platōn, B.C.427-B.C.347）のイデアの直観についての言及以来，カント（Kant, I., 1724-1804）の内的直観，フッサール（Husserl, E., 1859-1938）の本質直観など，哲学上さまざまな形で認識上の高い重要性が与えら

れてきた。

　直観教授は，直観が教育学的に考えられて提唱された概念である。つまり，文字や教科書によって得られる知識よりも，知覚による事物の観察や体験をとおして得た感覚を重んじる教授方法であり，その端としてはラトケ (Ratke, J. W., 1571-1635) とコメニウスの実学主義を挙げることができる。17世紀の教育は現実生活に直接役立つ実学を重視し，母国語による教育によって，国家的意識を目覚めさせることが強調された。それまでは古典言語中心で，古典教養が重視されてきたのである。コメニウスの考え方を教材として具象化したものが，世界最初の絵入り教科書とよばれる『世界図絵』(1658) である。これには，感覚を使用することによって言語などの学習を促進させようとする意図があった。この『世界図絵』は視聴覚教材・教具の最初期のものであり，このような教授 (学習) メディアはしだいに教育方法における地位を確立していき，今日では主要な教育方法の手段となった。

恩　物

　教材・教具の歴史は語りきれるものではないが，幼児教育での教材・教具と言えば，フレーベル (Fröbel, F. W. A., 1782-1852) の恩物 (Gabe) がまず挙げられる。彼は，1837年の55歳のときに「自己教授と自己教育とに導く直観教授の施設」(のちに「幼児と青少年のための作業衝動をはぐくむための施設」と改称) を設置して，ここで「乳幼児の内なる活動衝動や創造衝動を導くための教育遊具」を考案した。これが恩物であり，子どもが自らの神性を予感し，創造的・活動的な遊びを行うための媒介物であると考えられた。彼はこの恩物を幼稚園 (Kindergarten, おさなごのその) での教育方法として取り入れ，フレーベル主義の幼稚園が世界中に広まるにつれて，この恩物も広まっていった。日本では，1876年に東京女子師範学校に附属幼稚園が設立されたが，翌年に制定された東京女子師範学校附属幼稚園規則で定められた保育内容において恩物操作が中心となるほど，わが国にも大きな影響を与えた。

モンテッソーリ教具

　イタリアのモンテッソーリ (Montessori, M., 1870-1952) は，障害児教育で学んだ感覚教育を中心に科学的な教育の方法を用いて，つまり障害児のための治療教育を健常者に適用することを試み，その結果，教育において非常に大き

な成果を得た。この教育に用いられた教具を基にして考え出されたのがモンテッソーリ教具である。この教具は，五感をとおして集中現象を導き出す等の感覚訓練を促すために考案されたものであり，感覚教育のための教具，文字・数学の指導のための教具，実用生活訓練のための教具で構成されている。これらの方法はモンテッソーリ・メソッド（Montessori method）とよばれている。

[2] 今日の教材・教具
教科書

　教科書は教材としてもっとも基本となるものである。教科書とは「小学校，中学校，義務教育学校，高等学校，中等教育学校及びこれらに準ずる学校において，教科課程の構成に応じて組織排列された教科の主たる教材として，教授の用に供せられる児童又は生徒用図書であつて，文部科学大臣の検定を経たもの又は文部科学省が著作の名義を有するもの」（「教科書の発行に関する臨時措置法」第2条）と定義されるものである。学校教育法の第34条では，教科の指導にあたって，文部科学省の検定済み教科用図書（教科書）を使用することが義務づけられており，憲法の第26条2項により義務教育においてはこの教科書が無償で給与されている。検定済みの教科書は，その内容等が各教科の学習指導要領あるいは教科書発行法にそくして編集出版されており，それぞれが各学年の教科内容に厳密に対応しているので，全国で教育内容等を一定のレベルで保つことを可能にしている。また，必要に応じて教育課程の一部（視覚障害，発達障害等の事由により紙の教科書を使用して学習することが困難な児童生徒の場合は教育課程の全部）で，いわゆる「デジタル教科書」を併用することも可能になった。

　その他，紙の教科用図書やデジタル教科書以外の教材で，「有益適切なものは，これを使用することができる。」（学校教育法 第34条4項）とも規定されており，教科書以外の図書（たとえば，地図帳や資料集，副読本，問題集，一般の図書，新聞・雑誌，辞書，あるいは紙芝居や絵本など）も補助教材として使用が認められている。

提示型教材・教具

　教科書などの印刷物だけで授業が行われるわけではなく，実際は黒板に板書

をしたり，パネル標本を提示して，書いたり指し示したりすることで生徒に注意を促しつつ，適切なコメントをつけての教授も効果的である。印刷物の教材・教具は，途中の過程ではなく，最終の完成したものを表現しているのであり，それに至る過程を黒板に板書することは，生徒の理解を大いに促進させる効果がある。これらもまた教材であり，情報提示型の教材・教具である。教材としては標本や模型などがあり，教具としては黒板や実験道具などがある。

視聴覚型教材・教具

　視聴覚（audio-visual）教材・教具の活用は単調になりがちな授業に変化を与えるものであり，視覚に訴えることで教育内容がわかりやすいものになる。具体例としては，映画やカセットテープ，ラジオ放送や教育テレビ番組などを活用することから始まり，現在ではCD，16ミリ，8ミリ，VTR，DVD，mini DVなどが多く使用されている。その背景としては，機材（ハード）の操作性向上と普及，優れた教育コンテンツ（ソフト）の開発などを挙げることができ，また図書館やメディアセンターなどでもソフトが積極的に収集されて貸し出されていることによって，入手のしやすさが普及に拍車をかけたのであろう。さらに現在のようなインターネットの発達がその活用を後押ししている。

　また，教育現場でかつて多く使われたのが，スライドや，文字や表が描かれた透明フイルム（TP）を使ってスクリーンに映写するOHP（overhead projector）やOHC（overhead camera，書画カメラ）などである。これらは何よりも手軽で，廉価であり，コンテンツを手作りできるよさがある。ただしいまは，光学的な機器を用いた手法よりもパソコンを使用した方がより豊かな表現が可能で，見栄えがよく，しかもデータの再利用がしやすいので，プロジェクターにノートパソコンを接続して投写することが主流になっている。

実技用具としての教材・教具

　芸術・制作活動などで使用する絵の具や絵筆や彫刻刀などの道具，あるいは体育などで使用する跳び箱などの用具もまた教材・教具として重要である。とくにこれらのものは，その扱いのさいに危険を伴うことが多いので，その選定や使用にあたっては，安全に十分配慮する必要がある。

情報機器としての教材・教具

　視聴覚型教材・教具のもう一つの形態として，コンピューターなどの情報機

器の発達はここ数年においてめざましいものがあり，わが国の教育現場でも積極的に取り入れられている。もともとコンピューターが教育方法に取り入れられた歴史は古く，欧米では1920年代よりティーチング・マシーンが考案され，その後，心理学者スキナー（Skinner, B. F., 1904-1990）によるオペラント条件づけ理論（operant conditioning）をもとにしたプログラム学習（programmed learning）や，語学学習室を使った教育方法であるLL（language laboratory）が考案された。これらの取り組みや考え方は，CAI（computer assisted instruction），CAL（computer assisted learning），CBE（computer based education），IAC（instructional application of computer）などとよばれたその後の多くのアプリケーションや計画に踏襲された。

電子黒板とタブレット端末

　21世紀に入ると，情報や通信技術の高度化により生活様式が大きく変化し，それに伴って教育方法も主としてデジタルを活用するようになった。その中でも影響が大きいのが，電子黒板とタブレットの活用である。

　企業や研究分野で先行して普及していたプレゼンテーション用のアプリケーションが，教育でも広く用いられるようになった背景には，教師からすれば導入時を除いたコストの低さや教材の再利用のしやすさにより準備が短時間で済むなどの利点，また生徒からすると視覚的なわかりやすさも要因としてあった。そのような環境が定着したからこそ，古いコンテンツを新しいメディアに移植しただけの段階から，新しい技術や特性に最適化したコンテンツ（＝教科書や教材など）が整備される段階になり，次の教育技術の革新が期待されている。その中心となるのが電子黒板とタブレットであり，とくに音声や動画と拡大図が手軽に扱えるようになった点が画期的である。これらの変化は，黒板と教科書とノートという教具，さらには一斉学習，宿題などの家庭学習も含めた従来の教育スタイルの変化をもたらし，さらには教師の役割さえも根本的に変わる可能性を秘めている。たとえば反転学習（flipped learning）と呼ばれる方法的試行もその一つである。

　こうして，新しい教育技術の変化は教育のスタイルやシステムをより向上することもできるために，産学官民挙げてますます推進されていくであろう。しかし忘れてはいけないのが，操作技術だけでなくモラルやセキュリティへのさ

らなる配慮である。また導入時の初期投資費用が大きいことから，経済格差が情報格差や教育格差へとさらに広がる恐れもある。したがって，運用する上で専門的知識を持った人材育成や機器を維持するための継続的措置が必要であり，中期的な計画をしっかりと作成しなければならない。

[3] 視聴覚教育とメディア

前節で，視聴覚型の教材について若干説明したが，視聴覚教育は今日では教育の重要な位置を占めるに至ったので，もう少し詳しく説明してみたい。

視聴覚教育の定義

視聴覚教育あるいはメディア教育は，最近の変化のスピードが速すぎて，今後もどのような進展を見せるのか予測できない部分が多い。1960年代のユネスコ内ではスクリーン・エデュケーションとよばれていたことからもわかるように，当時の視聴覚教育の主役は映画であったのだが，70年代にはテレビジョンにその主役を明け渡し，さらに80年代以降はコンピューターがそれらを包括していった。同時にメディアの変遷によって，教育の内容なども変わっていったのである。

そのような変遷のなか，視聴覚教育とは何かという問いに対して，古くなってはいるが，全米教育協会（NEA）の視聴覚教育部（DAVI）が1963年に発表した「視聴覚教育」の定義が今日でも参考になる。

> 視聴覚教育とは教育の理論と実践の一分野であって，学習過程を統御する各種メッセージの構成と活用に関与するものである。
>
> この分野の任務は，(a)いかなる目的にせよ，学習過程において使用される画像的および非表示的メッセージの，それぞれの特質および相対的長所と短所とを研究すること，および(b)教育現場における人間と機器とによって，メッセージを構造化し，組織化すること。ここでの任務は，授業システムにおける個々の要素および授業システムの全体について，その設計，製作，選択，管理，および利用に関することである。（中野照海 訳；『視聴覚教育の理論と研究』18-19頁）

さらに，この定義では教具や教材について配慮されていないということで，それをふまえて中野は「視聴覚教育とは，教育行為を最適（効果的）とするために，画像メッセージと言語メッセージとの特質を明らかにし，これの具体化としての教授メディアの制作，選択，および利用を主たる課題とする教育理論・実践の分野である」（中野照海；『視聴覚教育の理論と研究』19-20頁）と定義している。

　視聴覚教育は言語教育を排したものではなく，脳が持つ高次神経機能の二つ，つまり言語（ロゴス）活動と情動（パトス）活動を総合的に考えた上での教育活動である。それを意識しながら学習する必要がある。

メディアの定義

　メディア（media）と言うとテレビやラジオを思ってしまうが，これはもともと空間や概念の間を満たすものであり，ラテン語のmedium（中心，媒質，社会・世間，公安）から派生した言葉である。『広辞苑』によると，メディアとは次のように定義されている。「（mediumの複数形）媒体。手段。特に，マス-コミュニケーションの媒体。マス-メディア」。

　通常，媒体と訳されるメディアは，何らかのメッセージを伝える媒体である。メディアによってメッセージが伝わることは，すなわちコミュニケーションである。前で「言葉」によって「知識」を受け継ぎ，それが教育の出発点であると述べたが，言葉はいわば透明のメディアであり，その内容である知識はメッセージである。

　しかし，マクルーハン（McLuhan, M., 1911-1980）はそれとはやや違った捉え方をする。彼もメディアはメッセージであると言うが，さらにメディアの意味を敷衍して，「われわれ自身の拡張するもののこと」（『メディア論』7頁）と定義する。そこにはどのような意味が込められているのか。

　　鉄道は移動とか輸送とか車輪とか線路とかを人間の社会に導入したのではない。それ以前の人間の機能のスケールを加速拡大し，その結果まったく新しい種類の都市や新しい種類の労働や余暇を生み出したのである。このことは，鉄道の通ずるようになったのが熱帯地方であれ北方地方であれ，また，鉄道というメディアの荷物（すなわち，内容）と無関係に，生じた。一方，

飛行機も輸送の度合いを加速することで，飛行機の使用目的とはまったく無関係に，鉄道型の都市や政治や結合を解体する傾向がある。(『メディア論』8頁)

つまりこの引用からもわかるように，マクルーハンが意味していることは，メディアは情報を運ぶ媒介としてだけではなく，人間社会のあり方を全体的で根本的に変容させるものであるということである。そこには，メディアを単なる媒体として捉えるだけではない，われわれの生活を大きく変える可能性を秘めたものとして描かれている。

さらに教育工学の観点からメディアを考えていくと，これまで説明したようなメッセージを運ぶメディアという概念は副次的なものになり，一般的には学習事象（learning event）を生起させるものとして捉えられている。

[4] 今日の視聴覚教育
NIE

NIE（エヌ・アイ・イー，Newspaper in Education）は1930年代にアメリカ合衆国で始まった運動で，そもそもニューヨークタイムズがハイスクールでの新聞活用を進めたことに端を発している。組織的に取り組まれたNIEの始まりは，1955年にアイオワ州で実施された「中学生の文字との接触調査」がきっかけであった。同調査では，対象となった5500人の生徒のうち男子の40％，女子の33％が，教室の外ではまったく文字を読んでいないという実態が明らかになった。これに驚いた地元紙のデモイン・レジスターが，米国教育協会の協力でNIC（Newspaper in the Classroom＝教室に新聞を）運動を開始した。この運動がしだいに全米各地に広がり，NIE運動に発展したのである。NIEは新聞そのものが教材のため，教え方や正解はない。先生は児童生徒の発達段階に見合った教え方をする。たとえば，小学校低学年では新聞から知っている文字を探し出させたり，小学校高学年ではプロ野球の打率や商品の割引率を計算させたり，面白い記事や写真を各紙から探して感想を書いたりするなど，さまざまな形式が考えられる。

インターネット

　コンピューターやネットワークは社会を大きく変えた。ネットワークの発達は当然，教育の現場をも大きく変えている。教育方法としてネットワークを活用したものにe-learningがある。近い将来，学校に登校しなくても授業が受けられるとしたらどうであろうか。遠隔地であっても学校に通えることができたり，好きな時間に授業を受けることができたりするのなら，それは教育の機会が増えるので待ち望まれているのかもしれない。その一方，e-learningにおいて実験や実技は教育が難しく，また関心を維持することにも配慮が必要である。たとえば，現在行われている大学の通信教育課程では，通学に比べた場合の修了率の低さが問題になっている。

　またヴァーチャル世界に対する警鐘が日々強くなっている。ゲームや映像が脳に与える影響に関する調査は始まったばかりなので，今後の調査結果などにも気をつけると共に，子どもたちの射幸心があおられないように，あるいは短絡的な行動に走ったりしないように注意深く見守る必要がある。

ICT（Information and Communication Technology）

　また今日の情報化社会においては，単に生活が便利になるような機器の導入だけを求めるのではなく，ますます人間らしさも求められるようになった。この根底にあるのが，さまざまな犯罪なども含めた現代社会でのこれまでにない諸事象である。そこで求められている人間らしさとは社会性，すなわちコミュニケーション能力であるため，IT（Information Technology）よりもICTへと変わってきており，とくに教育においてはC（Communication）が重視されている。

情報モラル教育

　社会のネットワーク化が進むにつれて，ヴァーチャルあるいはサイバー空間という新たな空間が認識されつつある。学校や教室という従来の教育空間は，これまで閉鎖的であるという批判を受けてきたが，可視的に実在する空間であった。しかし多くの子どもたちが携帯電話や多機能なスマートフォンを常時所有する環境になり，興味本位で容易にSNS（Social Networking Service）などのサイバー空間へアクセスできるようになるにつれ，子どもたちのコミュニケーションや消費行動の様相が変容し，教育に空間的精神的変化をもたらした。

こうしたソーシャルメディアの活用は，友人や知人とのつながりや共感を容易にする一方，発信者の匿名性や拡散規模の大きさなどインターネットを介した情報の特性も伴って，世界中で犯罪やいじめや権利侵害など多くの課題をもたらしている。たとえば，「いじめ防止対策推進法」（平成25年・法律第71号）でも「国及び地方公共団体は，児童等がインターネットを通じて行われるいじめに巻き込まれていないかどうかを監視する関係機関又は関係団体の取組を支援するとともに，インターネットを通じて行われるいじめに関する事案に対処する体制の整備に努めるものとする」（いじめ防止法 第19条2項）という規定を設けることによって管理を徹底する必要性を強調している。

　その他，デジタルでは容易にコピーや改竄や捏造など不正行為や知的財産の侵害をおこしやすい。したがって，子どものうちから道徳教育だけでなく総合的な情報リテラシーあるいは情報モラルの教育が求められている。

アクティヴ・ラーニングのために
❶ 気になった教育方法や技術について，具体的に調べてみる。
❷ 評価について調べ，どのような評価がよいか考えてみる。
❸ 電子黒板とタブレット端末を使った教育の特徴について調べてみる。
❹ 情報のリテラシーやモラルについて，どのような問題があるか話し合う。

第5章

現代教育での展開

1. 公教育について

[1] 教育制度

　広義の教育制度のなかには，学校制度や社会教育や教育内容や教育行政なども含まれる。教育制度について一般的な定義を示すと，「ある一定の教育目的を達成するための機能をもつものとして，その存続が社会的に公認されている組織」（真野宮雄「教育制度」；『新教育学大事典』）である。一方，狭義の教育制度とは学校制度のことで，学校制度は教育制度の核となる部分である。

　教育制度も学校制度もどちらも長い時間をかけて醸成するものであり，近代の教育制度は1789年のフランス革命を出発点として確立していった。フランス革命のさいに活躍したコンドルセ（Condorcet, M. J. A. N. d. C., 1743-1794）は立法議会議員でもあり，「公教育に関する五つの覚え書き」を議会に対して提出したり，「公教育の全般的組織に関する報告および法案」をまとめたりするなど，政府から独立した公教育の成立に努めた。近代のヨーロッパでは，身分の異なることによる教育的な差別化は薄れ，また学校の増加により，もはや教育が特定の階級の人々の特権ではなくなった。すると，教育は個人的・家庭的な行為の次元から社会的・国家的な行為の次元まで幅広い様相を呈するようになり，前者が私教育であるのに対し，後者が公教育（public education）ということになる。その場合，私立学校をどちらに分類するのかについては見解が分かれており，ヨーロッパでは私教育と，日本では公教育と捉えられることが多い。公費助成のあり方などによる見解の違いがおもな原因であるが，以下，日本について説明する。

［2］教育を受ける権利

現代日本の公教育の出発点は，憲法の教育を受ける権利（教育権）を知ることから始まる。

> ［憲法］第26条（教育を受ける権利，教育の義務）すべて国民は，法律の定めるところにより，その能力に応じて，ひとしく教育を受ける権利を有する。
> ②すべて国民は，法律の定めるところにより，その保護する子女に普通教育を受けさせる義務を負ふ。義務教育は，これを無償とする。

ここで言われている「能力」とは，学力に限定されない，より包括的な精神的身体的諸能力のことであり，それに応じて受ける権利を有する「教育」とは，学校教育に限定されない，社会教育や生涯教育を含めたあらゆる教育のことである。この憲法第26条1項を受け，公教育の原則である義務，無償，中立の原則が導き出される。また，教育と隣接する保育の考え方は憲法第25条からも導き出すことができる。

> ［憲法］第25条（生存権，国の社会保障義務）すべて国民は，健康で文化的な最低限度の生活を営む権利を有する。
> ②国は，すべての生活部面について，社会福祉，社会保障及び公衆衛生の向上及び増進に努めなければならない。

また公教育とは教育基本法の第6条の「公の性質」を持つものでもあり，その公教育の役割を担う一番のものは学校である。これは国公立であろうと私立であろうと同様で，私立学校も「公の性質」を持つ（教基法 第8条）。

学校の法的定義としては，幼稚園，小学校，中学校，義務教育学校，高等学校，中等教育学校，特別支援学校，大学および高等専門学校の9種が学校教育法の第1条で規定されており，さらに別法で定められている幼保連携型認定こども園を「法律に定める学校」（教基法 第6条）として加える場合もある。

最近は校種を越えた校種間連携が盛んになっている。学校以外のものとしては，職業や教養の向上を目指す専修学校（学教法124条），学校教育に類似した教育を行う各種学校（学教法134条）などがある。また最近はオープンスクールなども増え，学校以外の教育機関は多様化する傾向にある。

[3] 公教育制度の原則
教育の機会均等と，義務制と無償制の原則

　日本国憲法第26条で定められている教育の機会均等は，義務制と無償制によって支えられている。義務教育ではない高等学校への進学率が90％を越える高い率を保っているのも，この義務制と無償制による部分が大きい。日本国憲法第26条では，1項でまず国民が教育を受ける権利を有することを明確にしたのち，2項で保護する子女に教育を受けさせる義務を定めている。同時に，後半で無償制も規定されているが，この憲法の理念を受けて，教育基本法の第4条で機会均等を具体的に規定されている。

　教育の機会均等を実現するためには，個人が負担する教育費用をできるだけ低く抑える必要があり，そのために，教育の無償とはどこまでを指すのか，その中身について注意しなくてはならない。実は教育基本法で無償とされているのは，「義務教育の授業料」（最高裁判決・昭和39年2月26日）であり，しかも国公立の学校の場合のみである。私立学校の場合は当然，授業料が徴収されている。授業料以外の部分，たとえば教科用図書（教科書）の無償については，1962年の「義務教育諸学校の教科用図書の無償に関する法律」，あるいは現在も効力を持っている翌1963年の「義務教育諸学校の教科用図書の無償措置に関する法律」による規定となっており，別のものである。

　近年，子どもたちの個性を画一化しているとの批判や，変化する子どもたちへの時代的実情に対応できないなどの理由から，この教育の機会均等を見直そうとする機運が高まりつつある。そこでは教育の多様化や自己責任という言葉が持ち出されて議論されることもあり，その内容をもう一度考え直す時期にさしかかっている。

中立性の原則

　教育における中立性は，政治や宗教に対してとられている立場であり，まず教育の政治的中立性について，教育基本法の第14条（政治教育）で規定されている。さらに政治的中立を明確に規定したのが，1954（昭和29）年に制定された「義務教育諸学校における教育の政治的中立の確保に関する臨時措置法」であり，教師の党派的教育を禁止した。

104　第5章　現代教育での展開

[中立法] 第1条（この法律の目的）この法律は，教育基本法の精神に基き，義務教育諸学校における教育を党派的勢力の不当な影響又は支配から守り，もつて義務教育の政治的中立を確保するとともに，これに従事する教育職員の自主性を擁護することを目的とする。

次に教育の宗教的中立性については，憲法第20条による信教の自由や政教分離の原則を教育の場にも拡大したものであり，それを受けて教育基本法の第15条（宗教教育）で明確に規定している。教育の宗教的中立性で求められているのは，とくに国公立の学校で特定の宗教や信仰の教義を教育の内容とすることの禁止であり，学校側としては児童生徒やその家庭での信仰には十分な配慮をする必要がある（最高裁判決・平成8年3月8日などを参照）。教育基本法での「宗教に関する寛容の態度」は「尊重されなければならない」というのはそのような意味である。しかし私立学校では，特定の宗派のための宗教教育を行うことは自由である。この場合，宗教的中立とは宗教教育に国家権力が介入してはならないことを意味している。

このように，教育の中立性は義務教育諸学校においてとくに厳しく規定されており，それは国公立の義務教育諸学校の教育内容が特定の政党や宗教に偏らないことと同時に，私立の義務教育諸学校が特定の政党や宗教から影響力や権力が行使されてはならないことも意味しているのである。

[4] 教育関係法規体系

現在の日本の教育関係法規の体系を挙げてみると，以下のようになる。

国レベル

「日本国憲法」…第26条の教育を受ける権利。

法律…「教育基本法」（平成18年法律第120号），「学校教育法」（昭和22年法律第26号）など。

国際レベル…条約

「結社の自由及び団結権の保護に関する条約」（ILO 87号条約）…ILOとは，国際労働機関（International labor Organization）のこと。

「ユネスコ憲章」1951…ユネスコとは，国連教育科学文化機関（United Nations Educational, Scientific and Cultural Organization）のこと。

「世界人権宣言」1948

「子どもの権利宣言」1959

「児童の権利に関する条約（子どもの権利に関する条約）」（Convention on the Rights of the Child）1989…日本は1994年に批准した。

その他

政令（内閣が制定），規則（各庁の長官や各委員会から発せられる）

省令（各省から発せられる）

告示（各大臣，各委員会，各庁の長官から発せられる）…「学習指導要領」，「幼稚園教育要領」など。「保育所保育指針」は2008年より告示になった。

地方教育についての法令…条例，規則，教育委員会規則など。

[5] ノーマライゼーション

　教育の機会均等や教育を受ける権利は，心身に障害のある児童や生徒にも保障されていることであり，普通教育に準じつつ，教育内容や教育方法に障害の特性や程度に応じた特別な配慮がなされている。障害のある児童生徒に対しても，ようやく1979年頃から憲法第26条の教育権の保障という観点から積極的に行われるようになった。

　そして，今日，一般化してよく耳にするようになったノーマライゼーション（normalization）とはスカンジナビアでのサービス改善の理念として登場した言葉であり，おもに北欧で用いられている。イギリスではインテグレーション（integration），アメリカではメインストリーミング（main-streaming）とも言われている。ニィリエ（Nirje, B., 1924-2006）の定義によると，ノーマライゼーションとはすべての障害者が「可能な限り通常の環境及び社会の生活方法に近い日常生活及び生活スタイルを取ることができるようにすること」である。このノーマライゼーションの意味は，「もっとも制約の少ない環境」（LRE; the least restrictive environment）の概念に近い。つまり，人々が生活したり学んだり働いたり遊ぶ場所は，社会のメインストリーム（主流）への参加を制約するものであってはならないという考えである。両者をあえて使い分けるとすると，ノーマライゼーションは理念であって，LREは具体化されたものである（安藤房治『アメリカ障害児公教育保障史』）。

2. 社会教育と生涯教育

[1] 社会教育

われわれの社会における教育活動は，学校のなかだけで完結するものではない。学校以外の教育の場として家庭や社会などもあり，これらはお互いに関連し合っているので，教育活動全体から見ても緊密に積極的に連携する必要がある。しかし一般には，教育＝学校教育という限定的な考えが根強く，社会教育という発想はほとんどなかった。学校を卒業（修了）した時点で教育はおしまいで，それ以上の教育はほとんど不要であると多くの人は考えていた。

だが憲法の第26条にあるように，「すべて国民」は「ひとしく教育を受ける権利を有する」という文言によって「社会教育」の考えも出発する。すべての国民が対象である以上，学齢期の子どもたちだけではなく，大人も含めた国民全体が教育の対象者であるという認識が広まってきた。

そして，社会教育行政の対象となる社会教育の範囲を定めたのが，1949（昭和24）年の「社会教育法」（昭和24年・法律第207号）である。

[社教法] 第2条（社会教育の定義）この法律で「社会教育」とは，学校教育法に基き，学校の教育課程として行われる教育活動を除き，主として青少年及び成人に対して行われる組織的な教育活動（体育及びレクリエーションの活動を含む。）をいう。

[社教法] 第3条（国及び地方公共団体の任務）国及び地方公共団体は，この法律及び他の法令の定めるところにより，社会教育の奨励に必要な施設の設置及び運営，集会の開催，資料の作製，頒布その他の方法により，すべての国民があらゆる機会，あらゆる場所を利用して，自ら実際生活に即する文化的教養を高め得るような環境を醸成するように努めなければならない。
2 国及び地方公共団体は，前項の任務を行うに当たつては，国民の学習に対する多様な需要を踏まえ，これに適切に対応するために必要な学習の機会の提供及びその奨励を行うことにより，生涯学習の振興に寄与することとなるよう努めるものとする。
3 国及び地方公共団体は，第一項の任務を行うに当たつては，社会教育が学校教育及び家庭教育との密接な関連性を有することにかんがみ，学校教育との連携の確保に努め，及び家庭教育の向上に資することとなるよう必要な配慮をするとともに，学校，家庭及び地域住民その他の関係者相互間の連携及び協力の促進に資することとなるよう努めるものとする。

この社会教育法第2条で「組織的な教育活動」とは言われているが，実際の社会教育活動は多様な形態をとっており，ここでは社会教育の本質を規定しているのではないが，あくまでも対象は「主として青少年及び成人」ということが明記されている。社会教育の対象者については，年齢や職業，社会的・文化的・政治的・宗教的背景などによって不公平が生じないように考慮しなくてはならない前提事項が数多く存在している。そのため，教育の自由は社会教育においてこそ徹底される必要がある。よって行政も社会教育関係団体に対して統制や干渉を行ってはならないことは火を見るよりも明らかである。

　社会教育関係団体とは，「社会教育に関する事業を行うことを主たる目的」としている「公の支配に属しない団体」（社会教育法 第10条）であり，公正たる民意を遂行しなくてはならない国や地方公共団体あるいは教育委員会は，「いかなる方法によつても」不当な干渉を行ってはいけない（社会教育法 第12条）。むしろ求めに応じて，「専門的技術的指導又は助言」（社会教育法 第11条）を与えなくてはならないのである。

　以上のような理念を理解した上で国民の学習権を保障したり，あるいは今日急速に高まりつつある生涯学習への意欲を満たしたりするためにも，国や地方自治体は社会教育施設を充実させる責務がある。そのような社会教育施設のなかで代表的なものは，図書館や博物館や公民館などであり，その設置の実現については教育基本法の第12条2項に記されている。国や地方公共団体は，個人の要望や社会の要請にこたえて，社会教育を「奨励」（教育基本法 第12条1項）しなければならないのである。その他，一般の学校の施設も，支障がないかぎり社会教育に利用できる（学校教育法 第137条，または社会教育法 第44条）。そしてこれらの事務仕事の管轄は，教育委員会である（「地方教育行政の組織及び運営に関する法律」）。

　社会教育に関する行政制度や施設についての規定は以上のようになっており，そこを実際に利用するのが，われわれ国民である以上，われわれは社会教育をきちんと理解し，意識的に利用する必要があるだろう。

[2] **生涯教育**

　社会教育は成人教育と同じような意味で使われることがあり，主として青少

年や成人に対して行われる意図的で計画的な教育である。どちらかと言うと，家庭教育や学校教育との関連で捉えられる場合が多く，その継続性についてはさまざまな議論があるものの，領域的に隣接していると考えてよいだろう。そのような社会教育と理念的に重なる部分が多いのが生涯教育（学習）である。生涯教育は，現代の多様化する現状において教育の概念を再構成する意図を持って，社会教育や家庭教育や学校教育を包括する概念として登場した。近年では，非組織的な教育活動も考慮する必要もあるため，ますす広義性を持つようになっている。

　ユネスコ（UNESCO）は国際連合（国連）の専門機関の一つで，正式名称はUnited Nations Educational, Scientific and Cultural Organization（国連教育科学文化機関）である。諸国間の教育や科学や文化についての協力や交流を通じて平和と安全保障を促進していくことを目的に1946年に設立され，本部はパリにある。日本は1951年に加入している。そのユネスコ本部で，1965年12月に第3回成人教育推進国際委員会の会議が開催された。フランスの教育学者であったラングラン（Lengrand, P., 1910-2003）はユネスコの成人教育部長であり，彼は委員会に「生涯教育」（エデュカシオン・ペルマナント，*L'éducation permanente*）と題した報告書（ワーキング・ペーパー）を提出した。この報告書が，世界各国で現在推進されている生涯教育，生涯学習の潮流の始まりの一つである。

[3] ポール・ラングランの提言

　この提言のなかでラングランは，「生涯教育」（L'éducation permanente）という新しい教育理念を示した。「教育は，児童期，青年期で停止するものではない。それは，人間が生きている限り続けられるべきものである」と主張し，恒久的な，永続的な，不変の，という意味のフランス語の形容詞であるpermanent(e)を用いた。ラングランが危惧したのは，人口の増加，科学や技術の急激な進歩，社会構造の大きな変化などであり，それらの要因が20世紀に急激な速度でわれわれの生活に浸透してきたことが大きい。社会教育や学校教育だけでは捉えきれない教育の多様化が目前にまで迫り，教育概念の再構築が必要であると考えたのである。人間の持つ形成可能性を自覚させ，それによっ

て真の自己実現を行うことが大切であると考え、そのためには、教育は人生の一時期のみに行われるものではなくて、生涯をかけて行うものでなければならないというのが、ラングランの考えであった。

　教育期間は学校に入学してから卒業するまでの青年期に限定されるものではなくて、生まれてから死ぬまで一生涯続いていくものである（①教育には時期が決まっていない）。それゆえ、教育の場所も学校に限定されることはなく、職場であったり、社会施設であったり、さまざまな機会がある（②学校だけが教育ではない）。学校教育で落ちこぼれの烙印が押されるのは間違いであり、学問的な成功も失敗もあくまでも一時的なものであって、それが一生涯続くわけではない（③教育に敗者というものはいない）。一生涯続く教育であるからこそ、これまでの教育制度以上に個人の独自性や可能性を形成することができるのである（④より個性を引き出せる）。ラングランはこれら四つを生涯教育論の目標として具体的に設定したのである。

　ラングランは1970年に著作を出版し、日本では翌71年に『生涯教育入門』（*An Introduction of Lifelong Education*）として翻訳された。翻訳者はこの第3回成人教育推進国際委員会の会議に委員として出席していた心理学者の波多野完治（1905-2001）であり、彼によって日本に生涯教育が紹介された。当初、生涯教育はフランス語を直訳した恒久教育とよばれることもあったが、しだいに生涯教育へと定着していった。生涯教育の理念の英訳は、life-long educationであり、場合によってはlife-long integrated education（生涯統合教育）と英訳されることもあった。後者にintegration（統合）という言葉が使われているのは、学校教育と学校以外の教育の統合、あるいは時間的垂直方向の教育と空間的水平方向の教育の統合という意味である。

3．生涯教育から生涯学習へ

[1]　**生涯学習**
　さらに、生涯教育は自発的な学習活動であることが多いという理由により、生涯教育ではなくて、むしろ生涯学習という用語の方が適切であるという意見が、1980年代より多くなった。そのため現在では生涯学習の方が一般に多く

用いられる。

　その一方で，生涯教育と生涯学習を厳密に区別する見方もある。1981年の中央教育審議会の答申「生涯教育について」を参考にしつつ，「人びとが自己の充実や生活の向上のために，その自発的意志に基づき，必要に応じた自己に適した手段，方法を選んで行う学習」が生涯学習であり，「このような生涯学習のために社会のさまざまな教育機能を相互の関連性を考慮しながら総合的に整備・充実しようとする働き」が生涯教育であるという使い分けもある（麻生誠，堀薫夫『生涯学習と自己実現』19頁）。

[2]「学習社会」と「秘められた宝」

　ラングランの教育理念はユートピア的色彩が強く，その意味で古典教養主義的であると批判されることもあったが，社会に与えた影響は大きかった。これをきっかけとして，シカゴ大学総長のハッチンス（Hutchins, R. M., 1899-1977）は『学習社会論』（*The Learning Society*, 1968）を出版し，そのなかで学習社会を「すべての成人男女に，いつでもパートタイムの成人教育を提供するだけでなく，学ぶこと，何かを成し遂げること，人間になることを目的とし，あらゆる制度がその目的の実現を指向するように価値の転換に成功した社会」（新井郁男 訳）と定義し，新しい教育と社会のあり方を示した。

　そして，元フランス首相フォール（Faure, E., 1908-1988）が委員長となってユネスコ教育開発国際委員会で示されたのが，『未来の学習』（*Learning To Be*, 1972，通称フォール・レポート）である。この報告では，学習者を教育される側として客体的に捉えるのではなく，自己学習する側として主体的に捉えることが提案され，これによって持つために学ぶ（Learning to have）から人間として生きることを学ぶ（Learning to be）ことへ，すなわち生涯教育から生涯学習への転換が図られた。

　また，EC委員会委員長のドロール（Delors, J., 1925-）がユネスコの21世紀教育国際委員会委員長となってまとめ上げた報告書『学習：秘められた宝』（*Learning: The Treasure Within*, 1996，通称ドロール・レポート）も注目を集めた。ここでは「学習の四本柱」，つまり「知ることを学ぶ」（Learning to know），「為すことを学ぶ」（Learning to do），「共に生きることを学ぶ」（Learning to live together, Learning to live with others) そして「人間として生きることを学ぶ」(Learning to be) というこれからの生涯学習社会に向けての四つの教育理念が提示されており，教育界に大きな影響を与えている。なお，「秘めた宝」というのは，フランスの作家ラ・フォンテーヌ (la Fontaine, J. d., 1621-1695) の寓話「農夫とその子どもたち」に由来しており，父親の遺言で宝物が埋められていると思いこんで農地を掘り起こしていた子どもたちは，その後，豊かな収穫を得て，遺言が指していたのは実体としての宝物ではなく，労働することという秘められた宝であったという話である。つまりわれわれのなかに，労働＝学習という秘められた宝があることをこの報告書は示唆している。

[3] リカレント教育

最近，経済協力開発機構（OECD）の国際学習到達度調査の結果が新聞紙上を賑わすことが多くなり，文部科学省の方針等にも影響を及ぼすまでになっている。そもそもOECDとはOrganization for Economic Cooperation and Developmentの略であり，1948年創設であるOEEC（欧州経済協力機構, Organization for European Economic Cooperation）が前身である。その後，先進工業国の経済協力によって，経済成長，発展途上国への援助，通商の拡大を目的とした1961年発効のOECD条約に基づいてOECDが発足し，日本は1964年に加盟している。

このようにOECDはもともと経済に関する協力関係であったものだが，それだけでなく，経済と教育の関係も重視するようになり，加盟国を中心とした教育機関の成果と教育・学習の効果，学習環境や学校組織などの教育の状況について積極的に提言を続け，また国際比較が可能なようにさまざまな教育の指標を豊富に調査・提供している。そのOECDのCERI（教育研究革新センター, Center for Educational Research and Innovation）が1970年代から取り組んだのが，教育をすべての年齢段階に解放し，生涯教育・生涯学習を推進することであり，それをリカレント教育（recurrent education）とよんだ。ここでの形容詞recurrentとは，再発・再現・頻発する，周期的に起こる，という意味を持つ英語である。

リカレント教育

　リカレント教育は1960年代よりスウェーデンなどのヨーロッパで言及され始め，ベルサイユで開催された1968年のヨーロッパ文相会議から有名になってきた。リカレント教育の定義とは，「すべての人を対象とする，義務教育または基礎教育の修了後に総合的な生涯教育戦略として，人々が生涯にわたって教育と他の諸活動（労働や奉仕や余暇活動など）を交互に行う教育システム」（池田秀男「リカレント・エデュケーション」；『新教育学大事典』）のことである。生涯教育（学習）との相違点を強調すると，リカレント教育はrecurrentの意味から推測できるように，周期的に循環する，回帰するという意味が強く，教育活動と他の諸活動を交互的に配置しているのが特徴である。どこに回帰するのかを考えた場合，その第一の候補は既存の学校であり，青年期の学校卒業後に周期的にまた学校に回帰してくるようなシステムを想定していると捉えることができる。

リフレッシュ教育

　リカレント教育は，社会教育や生涯学習のような教育機会の保障という側面よりも，職業に就いた人が再び大学や大学院などの高等教育機関で学びなおし，それを仕事に役立てようとする側面が強い。当然この傾向は専門職に多く，積極的に活用されている。これが現在の日本で多いリカレント教育の形態である。あるいはリカレント教育の一環として行われるもののうち，大学・大学院等の高等教育機関が職業人を対象として，職業上の知識・技術のリフレッシュや新たな修得のために行う教育のことを，リフレッシュ教育とよぶこともある（文部省・社会人技術者の再教育推進のための調査研究協力者会議報告書「リフレッシュ教育の推進のために」1992年3月）。両者は明確な使い分けも難しく，重複している概念である。

　また社会的な背景として，日本社会は急速な勢いで少子高齢化に向かっており，その到来によって18歳人口が減少し，大学間の受験生獲得競争が激化している。そのような状況のなかで，定員確保のためや教育施設の有効活用のための方策として，大学院や専門職大学院への社会人入学の推進が挙げられており，これもまたリカレント教育が注目されている背景である。

[4] 継続教育と社会人教育

　最後に類似する概念を二つ紹介したい。イギリスでは，1944年の教育法によって，教育過程が初等教育，中等教育，継続教育に分類されていた。この継続教育（continuing education または further education）とは，義務教育修了後の（大学を除く）制度的組織的な教育のことである。近年はこの継続教育が広範に用いられるようになっており，社会人教育（adult education）という用語と互換的に用いられている。成人教育とも訳されることもあるこの社会人教育は，かなり包括的な概念であり，専門的な職業教育というよりも，教養教育や余暇教育に近い。加えて，社会人教育には，識字教育や移民教育などの教育保障のための教育を含める場合もあるが，識字教育や移民教育について定めた法律がないため，全体像は不明であり，ボランティア等によって支えられているのが実情である。

4. わが国での生涯学習政策

[1] わが国での生涯学習社会における教育

　以上のように，生涯教育（学習）やリカレント教育の概念は，教育学の歴史のなかでも比較的新しいものであり，理論が先行していた。フランスではいち早くその理念を取り入れ，1971年には生涯教育法を制定した。日本では1981（昭和56）年の中教審答申以降，1984年から1987年にかけての臨教審による生涯学習体系への移行など準備が進められた。

　その意味でも象徴的だったものが，1988（昭和63）年7月に当時の文部省が行った，社会教育局を改組・拡充して生涯学習局を設置したことである。これによって文部省を代表する筆頭局が初等中等教育局から生涯学習局になった。教育行政の重心の変化は，わが国での生涯学習への期待が高まってきたことの証拠でもあった。

　そして1990（平成2）年，わが国で最初に「生涯学習」という言葉を用いた法律である「生涯学習の振興のための施策の推進体制等の整備に関する法律」（生涯学習振興法）が施行された。この第1条では生涯学習振興整備法における生涯学習の目的について述べられており，要点は①国民が生涯学習の機会を

求めている，②都道府県が生涯学習の振興のための施策をとる，③市町村の枠組みを越える特定の地区においては文部科学省と経済産業省の指導のもとに民間資本も導入して生涯学習の振興を図る（第5条を参照），④都道府県に都道府県生涯学習審議会を設置する，の四つである。そして通常の法律ならば，次の第2条でこの法律における生涯学習の定義が示されるのであるが，異例にも国及び地方公共団体に対して，学習に関する国民の自発的意思を尊重するようにとくに配慮を求めている。そして第3条で，生涯学習を振興するための都道府県における事業について，その任務や具体的内容を定めている。本法がさらに特徴的なのは，文部科学省による教育行政についての規定だけでなく，第5条では経済産業省との連携をも視野に含めた教育文化関連産業振興政策にも言及している点であり，これまでの社会教育などの枠組みをやや越える性質を持っている。

[2] 教育基本法での新設

これまで述べたように，生涯学習という教育学における新基軸の重要性はますます高まるばかりであり，それを受けて，2006（平成18）年12月22日に公布・施行された新しい教育基本法の第3条には，これまでなかった「生涯学習の理念」が新設された（巻末の資料を参照のこと）。この第3条の「生涯学習の理念」では，旧教育基本法の第2条（教育の方針）にあった「あらゆる機会に，あらゆる場所」という文言が継承されており，国民一人一人が自己の人格を磨いて，豊かな人生を送るという生涯学習の対象や目的が端的に示されている。つまり生涯において，いかなる場所でもわれわれは教育を受ける（学習できる）権利があり，学習する自由を有しているのである。そして「その成果を適切に生かすことのできる社会の実現が図られなければならない」のであり，この生涯学習の理念が，教育基本法の第12条（社会教育）で規定されている社会教育の理念で補足されている。

しかし生涯学習や社会教育などの理念や定義がまだ体系的に整理されておらず，またすでに述べた社会教育法など他の先行する法制度や政策との適合性が取られていないなど，残された課題も多い。そのため，新たな教育基本法を中心にして再編されることが望まれれが，その時期はそれほど遠くないだろう。

[3] これからの方向性

　最後に，生涯学習のこれからの方向について若干触れてみたい。最近はNPOやNGOの活動が活発になり，それに伴って，ボランティア活動が身近になってきた。そのボランティア活動も従来のような福祉分野における慈善活動という認識ではなく，自己実現のための学習活動という要素が強まっている。しかし，他者への配慮と共に自分への配慮も求めるような傾向も二つの震災を契機に変わりつつある。新しい社会像として，持続可能な社会（Sustainable Society）の構築や地域との絆の重要性が増すなかで，個人は自立しつつ，社会の変化に対応した共同体を再構築する必要がある。現在は，学校と地域と家庭の社会全体の教育力の向上を図りながら，さらにわれわれの学びたいという個人的意欲の要望を支えるための施策が進められているが，まだなお模索する必要があるだろう。

アクティヴ・ラーニングのために
❶ 教育基本法や学校教育法を読んで，気になった点をまとめてみる。
❷ 幼稚園と保育所と認定こども園の違いについて調べてみる。
❸ 公立学校と公教育との違いについて調べてみる。
❹ 生涯学習について，身近な地域の企画や施設などを調べてみる。

参考文献

　本書では学問的性格上，可能な限り原典やその翻訳にあたったが，数が多すぎるため一つ一つ詳細な書誌は挙げず，引用した文献やおもに概説的で入手しやすい参考文献を日本での出版年順に列挙する。また各章に重複するものついては初出の章のみに記している。

第1章
諸橋轍次著『大漢和辞典』（大修館書店 1943-60）
篠原助市著『獨逸教育思想史（上・下）』（創元社 1947）
篠原助市著『歐洲教育思想史（上・下）』（創元社 1950）
アリストテレス著；山本光雄訳『政治学』（岩波書店 1961）
ポルトマン著；高木正孝訳『人間はどこまで動物か―新しい人間像のために』（岩波書店 1961）
細谷恒夫著『教育の哲学』（創文社 1962）
ヘロドトス著；松平千秋訳『歴史』（岩波書店 1971）
カント著；勝田守一，伊勢田耀子訳『教育学講義』（明治図書出版 1971）
Liddell & Scott, *Greek-English Lexicon*, Oxford 1972
ヘルダー著；木村直司訳『言語起源論』（大修館書店 1972）
小林勝人訳注『孟子』（岩波書店 1972）
ゲゼル著；生月雅子訳『狼にそだてられた子』（家政教育社 1974）
デューイ著；松野安男訳『民主主義と教育（上）』（岩波書店 1975）
デューイ著；市村尚久訳『経験と教育』（講談社 2004）
イタール著；古武彌正訳『アヴェロンの野生児』（福村出版 1975）
シング著；中野善達，清水知子訳『狼に育てられた子―カマラとアマラの養育日記』（福村出版 1977）
ジング著；中野善達編訳『遺伝と環境』（福村出版 1978）
ベッテルハイム他著；中野善達編訳『野生児と自閉症児』（福村出版 1978）
ハーラン・レイン著；中野善達編『アヴェロンの野生児研究』（福村出版 1980）
ナトルプ著；篠原陽二訳『社会的教育学』（玉川大学出版部 1983）
ゲーレン著；平野具男訳『人間―その本性および世界における人間の地位』（法政大学出版局 1985）
和田修二著『教育的人間学』（放送大学教育振興会 1994）
有福孝岳，坂部恵，石川文康，大橋容一郎，黒崎政男，中島義道，福谷茂，牧野英二編『カント事典』（弘文堂 1997）
西田利貞著『人間性はどこからきたか』（京都大学学術出版会 1999）
木村素衞著『美の形成』（こぶし文庫 2000）

岡本英明著『解釈学的教育学の研究』（九州大学出版会2000）
藤永保著『ことばはどこで育つか』（大修館書店2001）
相澤伸幸，関口はつ江，山室吉孝著『教育原理』（日本学芸協会2004）
豊田秀樹著「IQ，短距離走，絶対音感の遺伝率」（『プレジデント』2005年5月16日号）
村上宣寛著『IQってホントは何なんだ？知識をめぐる神話と真実』（日経BP社2007）
新村出編『広辞苑 第六版』（岩波書店2008）

第2章・第3章
文部科学省（文部省）発表の各種資料
ルソー著；今野一雄訳『エミール（上・中・下）』（岩波書店1962-64）
太田秀通著『スパルタとアテネ ―古典古代のポリス社会―』（岩波書店1970）
古川哲史編著『日本道徳教育史』（有信堂1973）
荒井武編著『教育史』（福村出版1985）
廣川洋一著『ギリシア人の教育 ―教養とはなにか―』（岩波書店1990）
千葉泰爾編著『教育の本質と目的』（福村出版1991）
待井和江編著『保育原理』（ミネルヴァ書房1991）
小澤周三，影山昇，小澤滋子，今井重孝著『教育思想史』（有斐閣1993）
教育思想史学会編『教育思想事典』（勁草書房2000）
ル＝ゴフ著；池田健二，菅沼潤訳『中世とは何か』（藤原書店2005）

第4章・第5章
新井郁男編集解説『現代のエスプリ146 ―ラーニング・ソサエティ』（至文堂1979）
大内茂男，高桑康雄，中野照海編著『視聴覚教育の理論と研究』（日本放送教育協会1979）
マクルーハン著；栗原裕，河本仲聖訳『メディア論―人間の拡張の諸相』（みすず書房1987）
細谷俊夫，奥田真丈，河野重男，今野喜清編集代表『新教育学大事典（全8巻）』（第一法規出版1990）
細谷俊夫著『教育方法 第4版』（岩波書店1991）
レイヴ＆ウェンガー著；佐伯胖訳『状況に埋め込まれた学習:正統的周辺参加』（産業図書1993）
佐藤学著『教育方法学』（岩波書店1996）
篠田弘編著『新訂 資料でみる教育学』（福村出版1997）
川野辺敏，山本慶裕編著『生涯学習論』（福村出版1999）
安藤房治著『アメリカ障害児公教育保障史』（風間書房2001）
田原恭蔵，林勲編著『教育概論 2訂版』（法律文化社2001）
讃岐幸治，住岡英毅編著『生涯学習社会』（ミネルヴァ書房2001）
安彦忠彦他編『現代学校教育大事典（全7巻）』（ぎょうせい2002）
麻生誠，堀薫夫編著『生涯学習と自己実現』（放送大学教育振興会2002）
山口榮一著『視聴覚メディアと教育』（玉川大学出版部2004）

ニィリエ著；河東田博，橋本由紀子，杉田穏子，和泉とみ代訳編『ノーマライゼーションの原理〔新訂版〕—普遍化と社会変革を求めて』（現代書館2004）
柴田義松，山﨑準二編著『教育の方法と技術』（学文社2005）
柳治男著『〈学級〉の歴史学 自明視された空間を疑う』（講談社2005）
岩永雅也著『改訂版 生涯学習論 —現代社会と生涯学習—』（放送大学教育振興会2006）
Encyclopedia Americana, International ed. 1993
The New Encyclopædia Britannica, 15th ed. 2003
教育六法編修委員会編『解説 教育六法』（三省堂2018）
文部科学省『文部科学統計要覧』（文部科学省2018）

資　　料

「五箇条御誓文」（慶応4年）（1868）
一　広ク会議ヲ興シ万機公論ニ決スヘシ
一　上下心ヲ一ニシテ盛ニ経綸ヲ行フヘシ
一　官武一途庶民ニ至ル迄各其志ヲ遂ケ人心ヲシテ倦マサラシメン事ヲ要ス
一　旧来ノ陋習（ろうしゅう＝悪い習わし）ヲ破リ天地ノ公道ニ基クヘシ
一　智識ヲ世界ニ求メ大ニ皇基ヲ振起スヘシ

「学制」前文「被仰出書（おおせいだされしょ）」（明治5年）（1872）

　　人々自ら其身を立て其産を治め其業を昌にして以て其生を遂るゆゑんのものは他なし身を修め智を開き才芸を長ずるによるなり而て其身を修め知を開き才芸を長ずるは学にあらざれば能はず是れ学校の設あるゆゑんにして日用常行言語書算を初め仕官農商百工技芸及び法律政治天文医療等に至る迄凡人の営むところの事学あらさるはなし人能く其才のあるところに応じ勉励して之に従事ししかして後初て生を治め産を興し業を昌にするを得べしされば学問は身を立るの財本ともいふべきものにして人たるもの誰か学ばずして可ならんや夫の道路に迷ひ飢餓に陥り家を破り身を喪の徒の如きは畢竟不学よりしてかゝる過ちを生ずるなり従来学校の設ありてより年を歴ること久しといへども或は其道を得ざるよりして人其方向を誤り学問は士人以上の事とし農工商及婦女子に至つては之を度外におき学問の何物たるを辨ぜず又士人以上の稀に学ぶものも動もすれば国家の為にすと唱へ身を立るの基たるを知ずして或は詞章記誦の末に趨り空理虚談の途に陥り其論高尚に似たりといへども之を身に行ひ事に施すこと能ざるもの少からず是すなはち沿襲の習弊にして文明普ねからず才芸の長ぜずして貧乏破産喪家の徒多きゆゑんなり是故に人たるものは学ばずんばあるべからず之を学ぶに宜しく其旨を誤るべからず之に依て今般文部省に於て学制を定め追々教則をも改正し布告に及ぶべきにつき自今以後一般の人民華士族農工商及婦女子必ず邑に不学の戸なく家に不学の人なからしめん事を期す人の父兄たるもの宜しく此意を体認し其愛育の情を厚くし其子弟をして必ず学に従事せしめざるべからざるものなり高上の学に至ては其人の材能に任かすといへども幼童の子弟は男女の別なく小学に従事せしめざるものは其父兄の越度たるべき事

　　但従来沿襲の弊学問は士人以上の事とし国家の為にすと唱ふるを以て学費及其衣食の用に至る迄多く官に依頼し之を給するに非ざれば学ざる事と思ひ一生を自棄するもの少からず是皆惑へるの甚しきものなり自今以後此等の弊を改め一般の人民他事を拋ち自ら奮て必ず学に従事せしむべき様心得べき事

　　右之通被　仰出候条地方官ニ於テ辺隅小民ニ至ル迄不洩様便宜解釈ヲ加ヘ精細申論文部省規則ニ随ヒ学問普及致候様方法ヲ設可施行事　　明治五年壬申七月　太政官

「教育ニ関スル勅語」（明治23年）（1890）

朕惟フニ我カ皇祖皇宗國ヲ肇ムルコト宏遠ニ德ヲ樹ツルコト深厚ナリ我カ臣民克ク忠ニ克ク孝ニ億兆心ヲ一ニシテ世世厥ノ美ヲ濟セルハ此レ我カ國體ノ精華ニシテ教育ノ淵源亦實ニ此ニ存ス爾臣民父母ニ孝ニ兄弟ニ友ニ夫婦相和シ朋友相信シ恭儉己レヲ持シ博愛衆ニ及ホシ學ヲ修メ業ヲ習ヒ以テ智能ヲ啓發シ德器ヲ成就シ進テ公益ヲ廣メ世務ヲ開キ常ニ國憲ヲ重シ國法ニ遵ヒ一旦緩急アレハ義勇公ニ奉シ以テ天壤無窮ノ皇運ヲ扶翼スヘシ是ノ如キハ獨リ朕カ忠良ノ臣民タルノミナラス又以テ爾祖先ノ遺風ヲ顯彰スルニ足ラン

斯ノ道ハ實ニ我カ皇祖皇宗ノ遺訓ニシテ子孫臣民ノ俱ニ遵守スヘキ所之ヲ古今ニ通シテ謬ラス之ヲ中外ニ施シテ悖ラス朕爾臣民ト俱ニ拳拳服膺シテ咸其德ヲ一ニセンコトヲ庶幾フ

明治二十三年十月三十日　御名　御璽

旧「教育基本法」（昭和22年3月31日・法律第25号）（1947）

　われらは、さきに、日本国憲法を確定し、民主的で文化的な国家を建設して、世界の平和と人類の福祉に貢献しようとする決意を示した。この理想の実現は、根本において教育の力にまつべきものである。

　われらは、個人の尊厳を重んじ、真理と平和を希求する人間の育成を期するとともに、普遍的にしてしかも個性ゆたかな文化の創造をめざす教育を普及徹底しなければならない。

　ここに、日本国憲法の精神に則り、教育の目的を明示して、新しい日本の教育の基本を確立するため、この法律を制定する。

第一条（教育の目的）　教育は、人格の完成をめざし、平和的な国家及び社会の形成者として、真理と正義を愛し、個人の価値をたつとび、勤労と責任を重んじ、自主的精神に充ちた心身ともに健康な国民の育成を期して行われなければならない。

第二条（教育の方針）　教育の目的は、あらゆる機会に、あらゆる場所において実現されなければならない。この目的を達成するためには、学問の自由を尊重し、実際生活に即し、自発的精神を養い、自他の敬愛と協力によつて、文化の創造と発展に貢献するように努めなければならない。

第三条（教育の機会均等）　すべて国民は、ひとしく、その能力に応ずる教育を受ける機会を与えられなければならないものであつて、人種、信条、性別、社会的身分、経済的地位又は門地によつて、教育上差別されない。

2　国及び地方公共団体は、能力があるにもかかわらず、経済的理由によつて修学困難な者に対して、奨学の方法を講じなければならない。

第四条（義務教育）　国民は、その保護する子女に、九年の普通教育を受けさせる義務を負う。

2　国又は地方公共団体の設置する学校における義務教育については、授業料は、これを徴収しない。

第五条（男女共学）　男女は、互いに敬重し、協力し合わなければならないものであつ

て，教育上男女の共学は，認められなければならない。
第六条（学校教育）　法律に定める学校は，公の性質をもつものであつて，国又は地方公共団体の外，法律に定める法人のみが，これを設置することができる。
2　法律に定める学校の教員は，全体の奉仕者であつて，自己の使命を自覚し，その職責の遂行に努めなければならない。このためには，教員の身分は，尊重され，その待遇の適正が，期せられなければならない。
第七条（社会教育）　家庭教育及び勤労の場所その他社会において行われる教育は，国及び地方公共団体によつて奨励されなければならない。
2　国及び地方公共団体は，図書館，博物館，公民館等の施設の設置，学校の施設の利用その他適当な方法によつて教育の目的の実現に努めなければならない。
第八条（政治教育）　良識ある公民たるに必要な政治的教養は，教育上これを尊重しなければならない。
2　法律に定める学校は，特定の政党を支持し，又はこれに反対するための政治教育その他政治的活動をしてはならない。
第九条（宗教教育）　宗教に関する寛容の態度及び宗教の社会生活における地位は，教育上これを尊重しなければならない。
2　国及び地方公共団体が設置する学校は，特定の宗教のための宗教教育その他宗教的活動をしてはならない。
第十条（教育行政）　教育は，不当な支配に服することなく，国民全体に対し直接に責任を負つて行われるべきものである。
2　教育行政は，この自覚のもとに，教育の目的を遂行するに必要な諸条件の整備確立を目標として行われなければならない。
第十一条（補則）　この法律に掲げる諸条項を実施するために必要がある場合には，適当な法令が制定されなければならない。

「教育基本法」（平成18年12月22日・法律第120号）（2006）

　我々日本国民は，たゆまぬ努力によって築いてきた民主的で文化的な国家を更に発展させるとともに，世界の平和と人類の福祉の向上に貢献することを願うものである。
　我々は，この理想を実現するため，個人の尊厳を重んじ，真理と正義を希求し，公共の精神を尊び，豊かな人間性と創造性を備えた人間の育成を期するとともに，伝統を継承し，新しい文化の創造を目指す教育を推進する。
　ここに，我々は，日本国憲法の精神にのっとり，我が国の未来を切り拓く教育の基本を確立し，その振興を図るため，この法律を制定する。

　　　第一章　教育の目的及び理念
第一条（教育の目的）　教育は，人格の完成を目指し，平和で民主的な国家及び社会の形成者として必要な資質を備えた心身ともに健康な国民の育成を期して行われなければならない。
第二条（教育の目標）　教育は，その目的を実現するため，学問の自由を尊重しつつ，次に掲げる目標を達成するよう行われるものとする。

一　幅広い知識と教養を身に付け，真理を求める態度を養い，豊かな情操と道徳心を培うとともに，健やかな身体を養うこと。
二　個人の価値を尊重して，その能力を伸ばし，創造性を培い，自主及び自律の精神を養うとともに，職業及び生活との関連を重視し，勤労を重んずる態度を養うこと。
三　正義と責任，男女の平等，自他の敬愛と協力を重んずるとともに，公共の精神に基づき，主体的に社会の形成に参画し，その発展に寄与する態度を養うこと。
四　生命を尊び，自然を大切にし，環境の保全に寄与する態度を養うこと。
五　伝統と文化を尊重し，それらをはぐくんできた我が国と郷土を愛するとともに，他国を尊重し，国際社会の平和と発展に寄与する態度を養うこと。

第三条（生涯学習の理念）　国民一人一人が，自己の人格を磨き，豊かな人生を送ることができるよう，その生涯にわたって，あらゆる機会に，あらゆる場所において学習することができ，その成果を適切に生かすことのできる社会の実現が図られなければならない。

第四条（教育の機会均等）　すべて国民は，ひとしく，その能力に応じた教育を受ける機会を与えられなければならず，人種，信条，性別，社会的身分，経済的地位又は門地によって，教育上差別されない。
2　国及び地方公共団体は，障害のある者が，その障害の状態に応じ，十分な教育を受けられるよう，教育上必要な支援を講じなければならない。
3　国及び地方公共団体は，能力があるにもかかわらず，経済的理由によって修学が困難な者に対して，奨学の措置を講じなければならない。

　　　第二章　教育の実施に関する基本

第五条（義務教育）　国民は，その保護する子に，別に法律で定めるところにより，普通教育を受けさせる義務を負う。
2　義務教育として行われる普通教育は，各個人の有する能力を伸ばしつつ社会において自立的に生きる基礎を培い，また，国家及び社会の形成者として必要とされる基本的な資質を養うことを目的として行われるものとする。
3　国及び地方公共団体は，義務教育の機会を保障し，その水準を確保するため，適切な役割分担及び相互の協力の下，その実施に責任を負う。
4　国又は地方公共団体の設置する学校における義務教育については，授業料を徴収しない。

第六条（学校教育）　法律に定める学校は，公の性質を有するものであって，国，地方公共団体及び法律に定める法人のみが，これを設置することができる。
2　前項の学校においては，教育の目標が達成されるよう，教育を受ける者の心身の発達に応じて，体系的な教育が組織的に行われなければならない。この場合において，教育を受ける者が，学校生活を営む上で必要な規律を重んずるとともに，自ら進んで学習に取り組む意欲を高めることを重視して行われなければならない。

第七条（大学）　大学は，学術の中心として，高い教養と専門的能力を培うとともに，深く真理を探究して新たな知見を創造し，これらの成果を広く社会に提供することにより，社会の発展に寄与するものとする。

2 大学については，自主性，自律性その他の大学における教育及び研究の特性が尊重されなければならない。
第八条（私立学校）　私立学校の有する公の性質及び学校教育において果たす重要な役割にかんがみ，国及び地方公共団体は，その自主性を尊重しつつ，助成その他の適当な方法によって私立学校教育の振興に努めなければならない。
第九条（教員）　法律に定める学校の教員は，自己の崇高な使命を深く自覚し，絶えず研究と修養に励み，その職責の遂行に努めなければならない。
2 前項の教員については，その使命と職責の重要性にかんがみ，その身分は尊重され，待遇の適正が期せられるとともに，養成と研修の充実が図られなければならない。
第十条（家庭教育）　父母その他の保護者は，子の教育について第一義的責任を有するものであって，生活のために必要な習慣を身に付けさせるとともに，自立心を育成し，心身の調和のとれた発達を図るよう努めるものとする。
2 国及び地方公共団体は，家庭教育の自主性を尊重しつつ，保護者に対する学習の機会及び情報の提供その他の家庭教育を支援するために必要な施策を講ずるよう努めなければならない。
第十一条（幼児期の教育）　幼児期の教育は，生涯にわたる人格形成の基礎を培う重要なものであることにかんがみ，国及び地方公共団体は，幼児の健やかな成長に資する良好な環境の整備その他適当な方法によって，その振興に努めなければならない。
第十二条（社会教育）　個人の要望や社会の要請にこたえ，社会において行われる教育は，国及び地方公共団体によって奨励されなければならない。
2 国及び地方公共団体は，図書館，博物館，公民館その他の社会教育施設の設置，学校の施設の利用，学習の機会及び情報の提供その他の適当な方法によって社会教育の振興に努めなければならない。
第十三条（学校，家庭及び地域住民等の相互の連携協力）　学校，家庭及び地域住民その他の関係者は，教育におけるそれぞれの役割と責任を自覚するとともに，相互の連携及び協力に努めるものとする。
第十四条（政治教育）　良識ある公民として必要な政治的教養は，教育上尊重されなければならない。
2 法律に定める学校は，特定の政党を支持し，又はこれに反対するための政治教育その他政治的活動をしてはならない。
第十五条（宗教教育）　宗教に関する寛容の態度，宗教に関する一般的な教養及び宗教の社会生活における地位は，教育上尊重されなければならない。
2 国及び地方公共団体が設置する学校は，特定の宗教のための宗教教育その他宗教的活動をしてはならない。

　　　第三章　教育行政
第十六条（教育行政）　教育は，不当な支配に服することなく，この法律及び他の法律の定めるところにより行われるべきものであり，教育行政は，国と地方公共団体との適切な役割分担及び相互の協力の下，公正かつ適正に行われなければならない。
2 国は，全国的な教育の機会均等と教育水準の維持向上を図るため，教育に関する施

策を総合的に策定し，実施しなければならない。
3　地方公共団体は，その地域における教育の振興を図るため，その実情に応じた教育に関する施策を策定し，実施しなければならない。
4　国及び地方公共団体は，教育が円滑かつ継続的に実施されるよう，必要な財政上の措置を講じなければならない。
第十七条（教育振興基本計画）　政府は，教育の振興に関する施策の総合的かつ計画的な推進を図るため，教育の振興に関する施策についての基本的な方針及び講ずべき施策その他必要な事項について，基本的な計画を定め，これを国会に報告するとともに，公表しなければならない。
2　地方公共団体は，前項の計画を参酌し，その地域の実情に応じ，当該地方公共団体における教育の振興のための施策に関する基本的な計画を定めるよう努めなければならない。

　　第四章　法令の制定
第十八条　この法律に規定する諸条項を実施するため，必要な法令が制定されなければならない。

「学校教育法」（抄）（昭和22年3月31日・法律第26号）（1947）

　　第一章　総則
第一条　この法律で，学校とは，幼稚園，小学校，中学校，義務教育学校，高等学校，中等教育学校，特別支援学校，大学及び高等専門学校とする。
第二条　学校は，国（国立大学法人法（平成十五年法律第百十二号）第二条第一項に規定する国立大学法人及び独立行政法人国立高等専門学校機構を含む。以下同じ。），地方公共団体（地方独立行政法人法（平成十五年法律第百十八号）第六十八条第一項に規定する公立大学法人（以下「公立大学法人」という。）を含む。次項及び第百二十七条において同じ。）及び私立学校法（昭和二十四年法律第二百七十号）第三条に規定する学校法人（以下「学校法人」という。）のみが，これを設置することができる。
②　この法律で，国立学校とは，国の設置する学校を，公立学校とは，地方公共団体の設置する学校を，私立学校とは，学校法人の設置する学校をいう。
第三条　学校を設置しようとする者は，学校の種類に応じ，文部科学大臣の定める設備，編制その他に関する設置基準に従い，これを設置しなければならない。
第四条　次の各号に掲げる学校の設置廃止，設置者の変更その他政令で定める事項（次条において「設置廃止等」という。）は，それぞれ当該各号に定める者の認可を受けなければならない。これらの学校のうち，高等学校（中等教育学校の後期課程を含む。）の通常の課程（以下「全日制の課程」という。），夜間その他特別の時間又は時期において授業を行う課程（以下「定時制の課程」という。）及び通信による教育を行う課程（以下「通信制の課程」という。），大学の学部，大学院及び大学院の研究科並びに第百八条第二項の大学の学科についても，同様とする。
　一　公立又は私立の大学及び高等専門学校　文部科学大臣
　二　市町村（市町村が単独で又は他の市町村と共同して設立する公立大学法人を含む。

次条，第十三条第二項，第十四条，第百三十条第一項及び第百三十一条において同じ。）の設置する高等学校，中等教育学校及び特別支援学校　都道府県の教育委員会
　三　私立の幼稚園，小学校，中学校，義務教育学校，高等学校，中等教育学校及び特別支援学校　都道府県知事
② 前項の規定にかかわらず，同項第一号に掲げる学校を設置する者は，次に掲げる事項を行うときは，同項の認可を受けることを要しない。この場合において，当該学校を設置する者は，文部科学大臣の定めるところにより，あらかじめ，文部科学大臣に届け出なければならない。
　一　大学の学部若しくは大学院の研究科又は第百八条第二項の大学の学科の設置であつて，当該大学が授与する学位の種類及び分野の変更を伴わないもの
　二　大学の学部若しくは大学院の研究科又は第百八条第二項の大学の学科の廃止
　三　前二号に掲げるもののほか，政令で定める事項
③ 文部科学大臣は，前項の届出があつた場合において，その届出に係る事項が，設備，授業その他の事項に関する法令の規定に適合しないと認めるときは，その届出をした者に対し，必要な措置をとるべきことを命ずることができる。
④ 地方自治法（昭和二十二年法律第六十七号）第二百五十二条の十九第一項の指定都市（以下「指定都市」という。）（指定都市が単独で又は他の市町村と共同して設立する公立大学法人を含む。）の設置する高等学校，中等教育学校及び特別支援学校については，第一項の規定は，適用しない。この場合において，当該高等学校，中等教育学校及び特別支援学校を設置する者は，同項の規定により認可を受けなければならないとされている事項を行おうとするときは，あらかじめ，都道府県の教育委員会に届け出なければならない。
⑤ 第二項第一号の学位の種類及び分野の変更に関する基準は，文部科学大臣が，これを定める。
第四条の二　市町村は，その設置する幼稚園の設置廃止等を行おうとするときは，あらかじめ，都道府県の教育委員会に届け出なければならない。
第五条　学校の設置者は，その設置する学校を管理し，法令に特別の定のある場合を除いては，その学校の経費を負担する。
第六条　学校においては，授業料を徴収することができる。ただし，国立又は公立の小学校及び中学校，義務教育学校，中等教育学校の前期課程又は特別支援学校の小学部及び中学部における義務教育については，これを徴収することができない。
第七条　学校には，校長及び相当数の教員を置かなければならない。
第八条　校長及び教員（教育職員免許法（昭和二十四年法律第百四十七号）の適用を受ける者を除く。）の資格に関する事項は，別に法律で定めるもののほか，文部科学大臣がこれを定める。
第九条　次の各号のいずれかに該当する者は，校長又は教員となることができない。
　一　成年被後見人又は被保佐人
　二　禁錮以上の刑に処せられた者
　三　教育職員免許法第十条第一項第二号又は第三号に該当することにより免許状がその効力を失い，当該失効の日から三年を経過しない者

四　教育職員免許法第十一条第一項から第三項までの規定により免許状取上げの処分を受け，三年を経過しない者
　五　日本国憲法施行の日以後において，日本国憲法又はその下に成立した政府を暴力で破壊することを主張する政党その他の団体を結成し，又はこれに加入した者
第十条　私立学校は，校長を定め，大学及び高等専門学校にあつては文部科学大臣に，大学及び高等専門学校以外の学校にあつては都道府県知事に届け出なければならない。
第十一条　校長及び教員は，教育上必要があると認めるときは，文部科学大臣の定めるところにより，児童，生徒及び学生に懲戒を加えることができる。ただし，体罰を加えることはできない。
第十二条　学校においては，別に法律で定めるところにより，幼児，児童，生徒及び学生並びに職員の健康の保持増進を図るため，健康診断を行い，その他その保健に必要な措置を講じなければならない。
第十三条　第四条第一項各号に掲げる学校が次の各号のいずれかに該当する場合においては，それぞれ同項各号に定める者は，当該学校の閉鎖を命ずることができる。
　一　法令の規定に故意に違反したとき
　二　法令の規定によりその者がした命令に違反したとき
　三　六箇月以上授業を行わなかつたとき
②　前項の規定は，市町村の設置する幼稚園に準用する。この場合において，同項中「それぞれ同項各号に定める者」とあり，及び同項第二号中「その者」とあるのは，「都道府県の教育委員会」と読み替えるものとする。
第十四条　大学及び高等専門学校以外の市町村の設置する学校については都道府県の教育委員会，大学及び高等専門学校以外の私立学校については都道府県知事は，当該学校が，設備，授業その他の事項について，法令の規定又は都道府県の教育委員会若しくは都道府県知事の定める規程に違反したときは，その変更を命ずることができる。
第十五条　文部科学大臣は，公立又は私立の大学及び高等専門学校が，設備，授業その他の事項について，法令の規定に違反していると認めるときは，当該学校に対し，必要な措置をとるべきことを勧告することができる。
②　文部科学大臣は，前項の規定による勧告によつてもなお当該勧告に係る事項（次項において「勧告事項」という。）が改善されない場合には，当該学校に対し，その変更を命ずることができる。
③　文部科学大臣は，前項の規定による命令によつてもなお勧告事項が改善されない場合には，当該学校に対し，当該勧告事項に係る組織の廃止を命ずることができる。
④　文部科学大臣は，第一項の規定による勧告又は第二項若しくは前項の規定による命令を行うために必要があると認めるときは，当該学校に対し，報告又は資料の提出を求めることができる。

　　　第二章　義務教育
第十六条　保護者（子に対して親権を行う者（親権を行う者のないときは，未成年後見人）をいう。以下同じ。）は，次条に定めるところにより，子に九年の普通教育を受けさせる義務を負う。

第十七条　保護者は，子の満六歳に達した日の翌日以後における最初の学年の初めから，満十二歳に達した日の属する学年の終わりまで，これを小学校，義務教育学校の前期課程又は特別支援学校の小学部に就学させる義務を負う。ただし，子が，満十二歳に達した日の属する学年の終わりまでに小学校の課程，義務教育学校の前期課程又は特別支援学校の小学部の課程を修了しないときは，満十五歳に達した日の属する学年の終わり（それまでの間においてこれらの課程を修了したときは，その修了した日の属する学年の終わり）までとする。

② 　保護者は，子が小学校の課程，義務教育学校の前期課程又は特別支援学校の小学部の課程を修了した日の翌日以後における最初の学年の初めから，満十五歳に達した日の属する学年の終わりまで，これを中学校，義務教育学校の後期課程，中等教育学校の前期課程又は特別支援学校の中学部に就学させる義務を負う。

③ 　前二項の義務の履行の督促その他これらの義務の履行に関し必要な事項は，政令で定める。

第十八条　前条第一項又は第二項の規定によつて，保護者が就学させなければならない子（以下それぞれ「学齢児童」又は「学齢生徒」という。）で，病弱，発育不完全その他やむを得ない事由のため，就学困難と認められる者の保護者に対しては，市町村の教育委員会は，文部科学大臣の定めるところにより，同条第一項又は第二項の義務を猶予又は免除することができる。

第十九条　経済的理由によつて，就学困難と認められる学齢児童又は学齢生徒の保護者に対しては，市町村は，必要な援助を与えなければならない。

第二十条　学齢児童又は学齢生徒を使用する者は，その使用によつて，当該学齢児童又は学齢生徒が，義務教育を受けることを妨げてはならない。

第二十一条　義務教育として行われる普通教育は，教育基本法（平成十八年法律第百二十号）第五条第二項に規定する目的を実現するため，次に掲げる目標を達成するよう行われるものとする。

　一　学校内外における社会的活動を促進し，自主，自律及び協同の精神，規範意識，公正な判断力並びに公共の精神に基づき主体的に社会の形成に参画し，その発展に寄与する態度を養うこと。

　二　学校内外における自然体験活動を促進し，生命及び自然を尊重する精神並びに環境の保全に寄与する態度を養うこと。

　三　我が国と郷土の現状と歴史について，正しい理解に導き，伝統と文化を尊重し，それらをはぐくんできた我が国と郷土を愛する態度を養うとともに，進んで外国の文化の理解を通じて，他国を尊重し，国際社会の平和と発展に寄与する態度を養うこと。

　四　家族と家庭の役割，生活に必要な衣，食，住，情報，産業その他の事項について基礎的な理解と技能を養うこと。

　五　読書に親しませ，生活に必要な国語を正しく理解し，使用する基礎的な能力を養うこと。

　六　生活に必要な数量的な関係を正しく理解し，処理する基礎的な能力を養うこと。

　七　生活にかかわる自然現象について，観察及び実験を通じて，科学的に理解し，処

理する基礎的な能力を養うこと。
八 健康，安全で幸福な生活のために必要な習慣を養うとともに，運動を通じて体力を養い，心身の調和的発達を図ること。
九 生活を明るく豊かにする音楽，美術，文芸その他の芸術について基礎的な理解と技能を養うこと。
十 職業についての基礎的な知識と技能，勤労を重んずる態度及び個性に応じて将来の進路を選択する能力を養うこと。

第三章 幼稚園

第二十二条 幼稚園は，義務教育及びその後の教育の基礎を培うものとして，幼児を保育し，幼児の健やかな成長のために適当な環境を与えて，その心身の発達を助長することを目的とする。

第二十三条 幼稚園における教育は，前条に規定する目的を実現するため，次に掲げる目標を達成するよう行われるものとする。
一 健康，安全で幸福な生活のために必要な基本的な習慣を養い，身体諸機能の調和的発達を図ること。
二 集団生活を通じて，喜んでこれに参加する態度を養うとともに家族や身近な人への信頼感を深め，自主，自律及び協同の精神並びに規範意識の芽生えを養うこと。
三 身近な社会生活，生命及び自然に対する興味を養い，それらに対する正しい理解と態度及び思考力の芽生えを養うこと。
四 日常の会話や，絵本，童話等に親しむことを通じて，言葉の使い方を正しく導くとともに，相手の話を理解しようとする態度を養うこと。
五 音楽，身体による表現，造形等に親しむことを通じて，豊かな感性と表現力の芽生えを養うこと。

第二十四条 幼稚園においては，第二十二条に規定する目的を実現するための教育を行うほか，幼児期の教育に関する各般の問題につき，保護者及び地域住民その他の関係者からの相談に応じ，必要な情報の提供及び助言を行うなど，家庭及び地域における幼児期の教育の支援に努めるものとする。

第二十五条 幼稚園の教育課程その他の保育内容に関する事項は，第二十二条及び第二十三条の規定に従い，文部科学大臣が定める。

第二十六条 幼稚園に入園することのできる者は，満三歳から，小学校就学の始期に達するまでの幼児とする。

第二十七条 幼稚園には，園長，教頭及び教諭を置かなければならない。
② 幼稚園には，前項に規定するもののほか，副園長，主幹教諭，指導教諭，養護教諭，栄養教諭，事務職員，養護助教諭その他必要な職員を置くことができる。
③ 第一項の規定にかかわらず，副園長を置くときその他特別の事情のあるときは，教頭を置かないことができる。
④ 園長は，園務をつかさどり，所属職員を監督する。
⑤ 副園長は，園長を助け，命を受けて園務をつかさどる。

⑥　教頭は，園長（副園長を置く幼稚園にあつては，園長及び副園長）を助け，園務を整理し，及び必要に応じ幼児の保育をつかさどる。
⑦　主幹教諭は，園長（副園長を置く幼稚園にあつては，園長及び副園長）及び教頭を助け，命を受けて園務の一部を整理し，並びに幼児の保育をつかさどる。
⑧　指導教諭は，幼児の保育をつかさどり，並びに教諭その他の職員に対して，保育の改善及び充実のために必要な指導及び助言を行う。
⑨　教諭は，幼児の保育をつかさどる。
⑩　特別の事情のあるときは，第一項の規定にかかわらず，教諭に代えて助教諭又は講師を置くことができる。
⑪　学校の実情に照らし必要があると認めるときは，第七項の規定にかかわらず，園長（副園長を置く幼稚園にあつては，園長及び副園長）及び教頭を助け，命を受けて園務の一部を整理し，並びに幼児の養護又は栄養の指導及び管理をつかさどる主幹教諭を置くことができる。
第二十八条　第三十七条第六項，第八項及び第十二項から第十七項まで並びに第四十二条から第四十四条までの規定は，幼稚園に準用する。

　　　第四章　小学校
第二十九条　小学校は，心身の発達に応じて，義務教育として行われる普通教育のうち基礎的なものを施すことを目的とする。
第三十条　小学校における教育は，前条に規定する目的を実現するために必要な程度において第二十一条各号に掲げる目標を達成するよう行われるものとする。
②　前項の場合においては，生涯にわたり学習する基盤が培われるよう，基礎的な知識及び技能を習得させるとともに，これらを活用して課題を解決するために必要な思考力，判断力，表現力その他の能力をはぐくみ，主体的に学習に取り組む態度を養うことに，特に意を用いなければならない。
第三十一条　小学校においては，前条第一項の規定による目標の達成に資するよう，教育指導を行うに当たり，児童の体験的な学習活動，特にボランティア活動など社会奉仕体験活動，自然体験活動その他の体験活動の充実に努めるものとする。この場合において，社会教育関係団体その他の関係団体及び関係機関との連携に十分配慮しなければならない。
第三十二条　小学校の修業年限は，六年とする。
第三十三条　小学校の教育課程に関する事項は，第二十九条及び第三十条の規定に従い，文部科学大臣が定める。
第三十四条　小学校においては，文部科学大臣の検定を経た教科用図書又は文部科学省が著作の名義を有する教科用図書を使用しなければならない。
②　前項に規定する教科用図書（以下この条において「教科用図書」という。）の内容を文部科学大臣の定めるところにより記録した電磁的記録（電子的方式，磁気的方式その他人の知覚によつては認識することができない方式で作られる記録であつて，電子計算機による情報処理の用に供されるものをいう。）である教材がある場合には，同項

の規定にかかわらず，文部科学大臣の定めるところにより，児童の教育の充実を図るため必要があると認められる教育課程の一部において，教科用図書に代えて当該教材を使用することができる。
③　前項に規定する場合において，視覚障害，発達障害その他の文部科学大臣の定める事由により教科用図書を使用して学習することが困難な児童に対し，教科用図書に用いられた文字，図形等の拡大又は音声への変換その他の同項に規定する教材を電子計算機において用いることにより可能となる方法で指導することにより当該児童の学習上の困難の程度を低減させる必要があると認められるときは，文部科学大臣の定めるところにより，教育課程の全部又は一部において，教科用図書に代えて当該教材を使用することができる。
④　教科用図書及び第二項に規定する教材以外の教材で，有益適切なものは，これを使用することができる。
⑤　第一項の検定の申請に係る教科用図書に関し調査審議させるための審議会等（国家行政組織法（昭和二十三年法律第百二十号）第八条に規定する機関をいう。以下同じ。）については，政令で定める。

第三十五条　市町村の教育委員会は，次に掲げる行為の一又は二以上を繰り返し行う等性行不良であつて他の児童の教育に妨げがあると認める児童があるときは，その保護者に対して，児童の出席停止を命ずることができる。
　一　他の児童に傷害，心身の苦痛又は財産上の損失を与える行為
　二　職員に傷害又は心身の苦痛を与える行為
　三　施設又は設備を損壊する行為
　四　授業その他の教育活動の実施を妨げる行為
②　市町村の教育委員会は，前項の規定により出席停止を命ずる場合には，あらかじめ保護者の意見を聴取するとともに，理由及び期間を記載した文書を交付しなければならない。
③　前項に規定するもののほか，出席停止の命令の手続に関し必要な事項は，教育委員会規則で定めるものとする。
④　市町村の教育委員会は，出席停止の命令に係る児童の出席停止の期間における学習に対する支援その他の教育上必要な措置を講ずるものとする。

第三十六条　学齢に達しない子は，小学校に入学させることができない。
第三十七条　小学校には，校長，教頭，教諭，養護教諭及び事務職員を置かなければならない。
②　小学校には，前項に規定するもののほか，副校長，主幹教諭，指導教諭，栄養教諭その他必要な職員を置くことができる。
③　第一項の規定にかかわらず，副校長を置くときその他特別の事情のあるときは教頭を，養護をつかさどる主幹教諭を置くときは養護教諭を，特別の事情のあるときは事務職員を，それぞれ置かないことができる。
④　校長は，校務をつかさどり，所属職員を監督する。
⑤　副校長は，校長を助け，命を受けて校務をつかさどる。
⑥　副校長は，校長に事故があるときはその職務を代理し，校長が欠けたときはその職

務を行う。この場合において，副校長が二人以上あるときは，あらかじめ校長が定めた順序で，その職務を代理し，又は行う。
⑦　教頭は，校長（副校長を置く小学校にあつては，校長及び副校長）を助け，校務を整理し，及び必要に応じ児童の教育をつかさどる。
⑧　教頭は，校長（副校長を置く小学校にあつては，校長及び副校長）に事故があるときは校長の職務を代理し，校長（副校長を置く小学校にあつては，校長及び副校長）が欠けたときは校長の職務を行う。この場合において，教頭が二人以上あるときは，あらかじめ校長が定めた順序で，校長の職務を代理し，又は行う。
⑨　主幹教諭は，校長（副校長を置く小学校にあつては，校長及び副校長）及び教頭を助け，命を受けて校務の一部を整理し，並びに児童の教育をつかさどる。
⑩　指導教諭は，児童の教育をつかさどり，並びに教諭その他の職員に対して，教育指導の改善及び充実のために必要な指導及び助言を行う。
⑪　教諭は，児童の教育をつかさどる。
⑫　養護教諭は，児童の養護をつかさどる。
⑬　栄養教諭は，児童の栄養の指導及び管理をつかさどる。
⑭　事務職員は，事務をつかさどる。
⑮　助教諭は，教諭の職務を助ける。
⑯　講師は，教諭又は助教諭に準ずる職務に従事する。
⑰　養護助教諭は，養護教諭の職務を助ける。
⑱　特別の事情のあるときは，第一項の規定にかかわらず，教諭に代えて助教諭又は講師を，養護教諭に代えて養護助教諭を置くことができる。
⑲　学校の実情に照らし必要があると認めるときは，第九項の規定にかかわらず，校長（副校長を置く小学校にあつては，校長及び副校長）及び教頭を助け，命を受けて校務の一部を整理し，並びに児童の養護又は栄養の指導及び管理をつかさどる主幹教諭を置くことができる。
第三十八条　市町村は，その区域内にある学齢児童を就学させるに必要な小学校を設置しなければならない。ただし，教育上有益かつ適切であると認めるときは，義務教育学校の設置をもつてこれに代えることができる。
第三十九条　市町村は，適当と認めるときは，前条の規定による事務の全部又は一部を処理するため，市町村の組合を設けることができる。
第四十条　市町村は，前二条の規定によることを不可能又は不適当と認めるときは，小学校又は義務教育学校の設置に代え，学齢児童の全部又は一部の教育事務を，他の市町村又は前条の市町村の組合に委託することができる。
②　前項の場合においては，地方自治法第二百五十二条の十四第三項において準用する同法第二百五十二条の二第二項中「都道府県知事」とあるのは，「都道府県知事及び都道府県の教育委員会」と読み替えるものとする。
第四十一条　町村が，前二条の規定による負担に耐えないと都道府県の教育委員会が認めるときは，都道府県は，その町村に対して，必要な補助を与えなければならない。
第四十二条　小学校は，文部科学大臣の定めるところにより当該小学校の教育活動その他の学校運営の状況について評価を行い，その結果に基づき学校運営の改善を図るた

め必要な措置を講ずることにより，その教育水準の向上に努めなければならない。
第四十三条　小学校は，当該小学校に関する保護者及び地域住民その他の関係者の理解を深めるとともに，これらの者との連携及び協力の推進に資するため，当該小学校の教育活動その他の学校運営の状況に関する情報を積極的に提供するものとする。
第四十四条　私立の小学校は，都道府県知事の所管に属する。

　　　第五章　中学校
第四十五条　中学校は，小学校における教育の基礎の上に，心身の発達に応じて，義務教育として行われる普通教育を施すことを目的とする。
第四十六条　中学校における教育は，前条に規定する目的を実現するため，第二十一条各号に掲げる目標を達成するよう行われるものとする。
第四十七条　中学校の修業年限は，三年とする。
第四十八条　中学校の教育課程に関する事項は，第四十五条及び第四十六条の規定並びに次条において読み替えて準用する第三十条第二項の規定に従い，文部科学大臣が定める。
第四十九条　第三十条第二項，第三十一条，第三十四条，第三十五条及び第三十七条から第四十四条までの規定は，中学校に準用する。この場合において，第三十条第二項中「前項」とあるのは「第四十六条」と，第三十一条中「前条第一項」とあるのは「第四十六条」と読み替えるものとする。

　　　第五章の二　義務教育学校
第四十九条の二　義務教育学校は，心身の発達に応じて，義務教育として行われる普通教育を基礎的なものから一貫して施すことを目的とする。
第四十九条の三　義務教育学校における教育は，前条に規定する目的を実現するため，第二十一条各号に掲げる目標を達成するよう行われるものとする。
第四十九条の四　義務教育学校の修業年限は，九年とする。
第四十九条の五　義務教育学校の課程は，これを前期六年の前期課程及び後期三年の後期課程に区分する。

　　　第六章　高等学校
第五十条　高等学校は，中学校における教育の基礎の上に，心身の発達及び進路に応じて，高度な普通教育及び専門教育を施すことを目的とする。
第五十一条　高等学校における教育は，前条に規定する目的を実現するため，次に掲げる目標を達成するよう行われるものとする。
　一　義務教育として行われる普通教育の成果を更に発展拡充させて，豊かな人間性，創造性及び健やかな身体を養い，国家及び社会の形成者として必要な資質を養うこと。
　二　社会において果たさなければならない使命の自覚に基づき，個性に応じて将来の進路を決定させ，一般的な教養を高め，専門的な知識，技術及び技能を習得させること。

三　個性の確立に努めるとともに，社会について，広く深い理解と健全な批判力を養い，社会の発展に寄与する態度を養うこと。

第五十二条　高等学校の学科及び教育課程に関する事項は，前二条の規定及び第六十二条において読み替えて準用する第三十条第二項の規定に従い，文部科学大臣が定める。

第五十六条　高等学校の修業年限は，全日制の課程については，三年とし，定時制の課程及び通信制の課程については，三年以上とする。

第五十七条　高等学校に入学することのできる者は，中学校若しくはこれに準ずる学校若しくは義務教育学校を卒業した者若しくは中等教育学校の前期課程を修了した者又は文部科学大臣の定めるところにより，これと同等以上の学力があると認められた者とする。

第六十条　高等学校には，校長，教頭，教諭及び事務職員を置かなければならない。

② 高等学校には，前項に規定するもののほか，副校長，主幹教諭，指導教諭，養護教諭，栄養教諭，養護助教諭，実習助手，技術職員その他必要な職員を置くことができる。

③ 第一項の規定にかかわらず，副校長を置くときは，教頭を置かないことができる。

④ 実習助手は，実験又は実習について，教諭の職務を助ける。

⑤ 特別の事情のあるときは，第1項の規定にかかわらず，教諭に代えて助教諭又は講師を置くことができる。

⑥ 技術職員は，技術に従事する。

　　第七章　中等教育学校

第六十三条　中等教育学校は，小学校における教育の基礎の上に，心身の発達及び進路に応じて，義務教育として行われる普通教育並びに高度な普通教育及び専門教育を一貫して施すことを目的とする。

第六十四条　中等教育学校における教育は，前条に規定する目的を実現するため，次に掲げる目標を達成するよう行われるものとする。

一　豊かな人間性，創造性及び健やかな身体を養い，国家及び社会の形成者として必要な資質を養うこと。

二　社会において果たさなければならない使命の自覚に基づき，個性に応じて将来の進路を決定させ，一般的な教養を高め，専門的な知識，技術及び技能を習得させること。

三　個性の確立に努めるとともに，社会について，広く深い理解と健全な批判力を養い，社会の発展に寄与する態度を養うこと。

第六十五条　中等教育学校の修業年限は，六年とする。

第六十六条　中等教育学校の課程は，これを前期三年の前期課程及び後期三年の後期課程に区分する。

第六十七条　中等教育学校の前期課程における教育は，第六十三条に規定する目的のうち，小学校における教育の基礎の上に，心身の発達に応じて，義務教育として行われる普通教育を施すことを実現するため，第二十一条各号に掲げる目標を達成するよう行われるものとする。

② 中等教育学校の後期課程における教育は，第六十三条に規定する目的のうち，心身の発達及び進路に応じて，高度な普通教育及び専門教育を施すことを実現するため，第六十四条各号に掲げる目標を達成するよう行われるものとする。
第六十八条　中等教育学校の前期課程の教育課程に関する事項並びに後期課程の学科及び教育課程に関する事項は，第六十三条，第六十四条及び前条の規定並びに第七十条第一項において読み替えて準用する第三十条第二項の規定に従い，文部科学大臣が定める。

第八章　特別支援教育

第七十二条　特別支援学校は，視覚障害者，聴覚障害者，知的障害者，肢体不自由者又は病弱者（身体虚弱者を含む。以下同じ。）に対して，幼稚園，小学校，中学校又は高等学校に準ずる教育を施すとともに，障害による学習上又は生活上の困難を克服し自立を図るために必要な知識技能を授けることを目的とする。
第七十三条　特別支援学校においては，文部科学大臣の定めるところにより，前条に規定する者に対する教育のうち当該学校が行うものを明らかにするものとする。
第七十四条　特別支援学校においては，第七十二条に規定する目的を実現するための教育を行うほか，幼稚園，小学校，中学校，義務教育学校，高等学校又は中等教育学校の要請に応じて，第八十一条第一項に規定する幼児，児童又は生徒の教育に関し必要な助言又は援助を行うよう努めるものとする。
第七十五条　第七十二条に規定する視覚障害者，聴覚障害者，知的障害者，肢体不自由者又は病弱者の障害の程度は，政令で定める。
第七十六条　特別支援学校には，小学部及び中学部を置かなければならない。ただし，特別の必要のある場合においては，そのいずれかのみを置くことができる。
② 特別支援学校には，小学部及び中学部のほか，幼稚部又は高等部を置くことができ，また，特別の必要のある場合においては，前項の規定にかかわらず，小学部及び中学部を置かないで幼稚部又は高等部のみを置くことができる。
第七十七条　特別支援学校の幼稚部の教育課程その他の保育内容，小学部及び中学部の教育課程又は高等部の学科及び教育課程に関する事項は，幼稚園，小学校，中学校又は高等学校に準じて，文部科学大臣が定める。
第七十八条　特別支援学校には，寄宿舎を設けなければならない。ただし，特別の事情のあるときは，これを設けないことができる。
第七十九条　寄宿舎を設ける特別支援学校には，寄宿舎指導員を置かなければならない。
② 寄宿舎指導員は，寄宿舎における幼児，児童又は生徒の日常生活上の世話及び生活指導に従事する。
第八十条　都道府県は，その区域内にある学齢児童及び学齢生徒のうち，視覚障害者，聴覚障害者，知的障害者，肢体不自由者又は病弱者で，その障害が第七十五条の政令で定める程度のものを就学させるに必要な特別支援学校を設置しなければならない。
第八十一条　幼稚園，小学校，中学校，義務教育学校，高等学校及び中等教育学校においては，次項各号のいずれかに該当する幼児，児童及び生徒その他教育上特別の支援を必要とする幼児，児童及び生徒に対し，文部科学大臣の定めるところにより，障害

による学習上又は生活上の困難を克服するための教育を行うものとする。
② 小学校，中学校，義務教育学校，高等学校及び中等教育学校には，次の各号のいずれかに該当する児童及び生徒のために，特別支援学級を置くことができる。
　一　知的障害者
　二　肢体不自由者
　三　身体虚弱者
　四　弱視者
　五　難聴者
　六　その他障害のある者で，特別支援学級において教育を行うことが適当なもの
③ 前項に規定する学校においては，疾病により療養中の児童及び生徒に対して，特別支援学級を設け，又は教員を派遣して，教育を行うことができる。
第八十二条　第二十六条，第二十七条，第三十一条（第四十九条及び第六十二条において読み替えて準用する場合を含む。），第三十二条，第三十四条（第四十九条及び第六十二条において準用する場合を含む。），第三十六条，第三十七条（第二十八条，第四十九条及び第六十二条において準用する場合を含む。），第四十二条から第四十四条まで，第四十七条及び第五十六条から第六十条までの規定は特別支援学校に，第八十四条の規定は特別支援学校の高等部に，それぞれ準用する。

　　　第九章　大学
第八十三条　大学は，学術の中心として，広く知識を授けるとともに，深く専門の学芸を教授研究し，知的，道徳的及び応用的能力を展開させることを目的とする。
② 大学は，その目的を実現するための教育研究を行い，その成果を広く社会に提供することにより，社会の発展に寄与するものとする。
第八十三条の二　前条の大学のうち，深く専門の学芸を教授研究し，専門性が求められる職業を担うための実践的かつ応用的な能力を展開させることを目的とするものは，専門職大学とする。
② 専門職大学は，文部科学大臣の定めるところにより，その専門性が求められる職業に就いている者，当該職業に関連する事業を行う者その他の関係者の協力を得て，教育課程を編成し，及び実施し，並びに教員の資質の向上を図るものとする。
③ 専門職大学には，第八十七条第二項に規定する課程を置くことができない。
第八十七条　大学の修業年限は，四年とする。ただし，特別の専門事項を教授研究する学部及び前条の夜間において授業を行う学部については，その修業年限は，四年を超えるものとすることができる。
② 医学を履修する課程，歯学を履修する課程，薬学を履修する課程のうち臨床に係る実践的な能力を培うことを主たる目的とするもの又は獣医学を履修する課程については，前項本文の規定にかかわらず，その修業年限は，六年とする。
第八十七条の二　専門職大学の課程は，これを前期二年の前期課程及び後期二年の後期課程又は前期三年の前期課程及び後期一年の後期課程（前条第一項ただし書の規定により修業年限を四年を超えるものとする学部にあつては，前期二年の前期課程及び後期二年以上の後期課程又は前期三年の前期課程及び後期一年以上の後期課程）に区分

することができる。
② 専門職大学の前期課程における教育は，第八十三条の二第一項に規定する目的のうち，専門性が求められる職業を担うための実践的かつ応用的な能力を育成することを実現するために行われるものとする。
③ 専門職大学の後期課程における教育は，前期課程における教育の基礎の上に，第八十三条の二第一項に規定する目的を実現するために行われるものとする。
④ 第一項の規定により前期課程及び後期課程に区分された専門職大学の課程においては，当該前期課程を修了しなければ，当該前期課程から当該後期課程に進学することができないものとする。
第九十条　大学に入学することのできる者は，高等学校若しくは中等教育学校を卒業した者若しくは通常の課程による十二年の学校教育を修了した者（通常の課程以外の課程によりこれに相当する学校教育を修了した者を含む。）又は文部科学大臣の定めるところにより，これと同等以上の学力があると認められた者とする。
② 前項の規定にかかわらず，次の各号に該当する大学は，文部科学大臣の定めるところにより，高等学校に文部科学大臣の定める年数以上在学した者（これに準ずる者として文部科学大臣が定める者を含む。）であつて，当該大学の定める分野において特に優れた資質を有すると認めるものを，当該大学に入学させることができる。
　一　当該分野に関する教育研究が行われている大学院が置かれていること。
　二　当該分野における特に優れた資質を有する者の育成を図るのにふさわしい教育研究上の実績及び指導体制を有すること。
第九十二条　大学には，学長，教授，准教授，助教，助手及び事務職員を置かなければならない。ただし，教育研究上の組織編制として適切と認められる場合には，准教授，助教又は助手を置かないことができる。
② 大学には，前項のほか，副学長，学部長，講師，技術職員その他必要な職員を置くことができる。
③ 学長は，校務をつかさどり，所属職員を統督する。
④ 副学長は，学長を助け，命を受けて校務をつかさどる。
⑤ 学部長は，学部に関する校務をつかさどる。
⑥ 教授は，専攻分野について，教育上，研究上又は実務上の特に優れた知識，能力及び実績を有する者であつて，学生を教授し，その研究を指導し，又は研究に従事する。
⑦ 准教授は，専攻分野について，教育上，研究上又は実務上の優れた知識，能力及び実績を有する者であつて，学生を教授し，その研究を指導し，又は研究に従事する。
⑧ 助教は，専攻分野について，教育上，研究上又は実務上の知識及び能力を有する者であつて，学生を教授し，その研究を指導し，又は研究に従事する。
⑨ 助手は，その所属する組織における教育研究の円滑な実施に必要な業務に従事する。
⑩ 講師は，教授又は准教授に準ずる職務に従事する。
第九十九条　大学院は，学術の理論及び応用を教授研究し，その深奥をきわめ，又は高度の専門性が求められる職業を担うための深い学識及び卓越した能力を培い，文化の進展に寄与することを目的とする。
② 大学院のうち，学術の理論及び応用を教授研究し，高度の専門性が求められる職業

を担うための深い学識及び卓越した能力を培うことを目的とするものは，専門職大学院とする．
③　専門職大学院は，文部科学大臣の定めるところにより，その高度の専門性が求められる職業に就いている者，当該職業に関連する事業を行う者その他の関係者の協力を得て，教育課程を編成し，及び実施し，並びに教員の資質の向上を図るものとする．
第百八条　大学は，第八十三条第一項に規定する目的に代えて，深く専門の学芸を教授研究し，職業又は実際生活に必要な能力を育成することを主な目的とすることができる．
②　前項に規定する目的をその目的とする大学は，第八十七条第一項の規定にかかわらず，その修業年限を二年又は三年とする．
③　前項の大学は，短期大学と称する．
④　第二項の大学のうち，深く専門の学芸を教授研究し，専門性が求められる職業を担うための実践的かつ応用的な能力を育成することを目的とするものは，専門職短期大学とする．
⑤　第八十三条の二第二項の規定は，前項の大学に準用する．
⑥　第二項の大学には，第八十五条及び第八十六条の規定にかかわらず，学部を置かないものとする．
⑦　第二項の大学には，学科を置く．
⑧　第二項の大学には，夜間において授業を行う学科又は通信による教育を行う学科を置くことができる．
⑨　第二項の大学を卒業した者は，文部科学大臣の定めるところにより，第八十三条の大学に編入学することができる．
⑩　第九十七条の規定は，第二項の大学については適用しない．
第百十三条　大学は，教育研究の成果の普及及び活用の促進に資するため，その教育研究活動の状況を公表するものとする．

　　　第十章　高等専門学校
第百十五条　高等専門学校は，深く専門の学芸を教授し，職業に必要な能力を育成することを目的とする．
②　高等専門学校は，その目的を実現するための教育を行い，その成果を広く社会に提供することにより，社会の発展に寄与するものとする．

　　　第十一章　専修学校
第百二十四条　第一条に掲げるもの以外の教育施設で，職業若しくは実際生活に必要な能力を育成し，又は教養の向上を図ることを目的として次の各号に該当する組織的な教育を行うもの（当該教育を行うにつき他の法律に特別の規定があるもの及び我が国に居住する外国人を専ら対象とするものを除く．）は，専修学校とする．
　一　修業年限が一年以上であること．
　二　授業時数が文部科学大臣の定める授業時数以上であること．
　三　教育を受ける者が常時四十人以上であること．

第百二十五条　専修学校には，高等課程，専門課程又は一般課程を置く。
② 専修学校の高等課程においては，中学校若しくはこれに準ずる学校若しくは義務教育学校を卒業した者若しくは中等教育学校の前期課程を修了した者又は文部科学大臣の定めるところによりこれと同等以上の学力があると認められた者に対して，中学校における教育の基礎の上に，心身の発達に応じて前条の教育を行うものとする。
③ 専修学校の専門課程においては，高等学校若しくはこれに準ずる学校若しくは中等教育学校を卒業した者又は文部科学大臣の定めるところによりこれに準ずる学力があると認められた者に対して，高等学校における教育の基礎の上に，前条の教育を行うものとする。
④ 専修学校の一般課程においては，高等課程又は専門課程の教育以外の前条の教育を行うものとする。

　　　第十二章　雑則
第百三十四条　第一条に掲げるもの以外のもので，学校教育に類する教育を行うもの（当該教育を行うにつき他の法律に特別な規定のあるもの及び第百二十四条に規定する専修学校の教育を行うものを除く。）は，各種学校とする。
② 第四条第一項，第五条から第七条まで，第九条から第十一条まで，第十三条，第十四条及び第四十二条から第四十四条までの規定は，各種学校に準用する。この場合において，第四条第一項中「次の各号に掲げる学校の区分に応じ，それぞれ当該各号に定める者」とあるのは「市町村の設置する各種学校にあつては都道府県の教育委員会，私立の各種学校にあつては都道府県知事」と，第十条中「大学及び高等専門学校にあつては文部科学大臣に，大学及び高等専門学校以外の学校にあつては都道府県知事に」とあるのは「都道府県知事に」と，第十三条中「第四条第一項各号に掲げる学校」とあるのは「市町村の設置する各種学校又は私立の各種学校」と，「同項各号に定める者」とあるのは「都道府県の教育委員会又は都道府県知事」と，同条第二号中「その者」とあるのは「当該都道府県の教育委員会又は都道府県知事」と，第十四条中「大学及び高等専門学校以外の市町村の設置する学校については都道府県の教育委員会，大学及び高等専門学校以外の私立学校については都道府県知事」とあるのは「市町村の設置する各種学校については都道府県の教育委員会，私立の各種学校については都道府県知事」と読み替えるものとする。
③ 前項のほか，各種学校に関し必要な事項は，文部科学大臣が，これを定める。
第百三十五条　専修学校，各種学校その他第一条に掲げるもの以外の教育施設は，同条に掲げる学校の名称又は大学院の名称を用いてはならない。
② 高等課程を置く専修学校以外の教育施設は高等専修学校の名称を，専門課程を置く専修学校以外の教育施設は専門学校の名称を，専修学校以外の教育施設は専修学校の名称を用いてはならない。
第百三十七条　学校教育上支障のない限り，学校には，社会教育に関する施設を附置し，又は学校の施設を社会教育その他公共のために利用させることができる。

第十三章　罰則
（以下省略）

「生涯学習の振興のための施策の推進体制等の整備に関する法律」（平成2年6月29日・法律第71号）（1990）

第一条（目的）　この法律は，国民が生涯にわたって学習する機会があまねく求められている状況にかんがみ，生涯学習の振興に資するための都道府県の事業に関しその推進体制の整備その他の必要な事項を定め，及び特定の地区において生涯学習に係る機会の総合的な提供を促進するための措置について定めるとともに，都道府県生涯学習審議会の事務について定める等の措置を講ずることにより，生涯学習の振興のための施策の推進体制及び地域における生涯学習に係る機会の整備を図り，もって生涯学習の振興に寄与することを目的とする。

第二条（施策における配慮等）　国及び地方公共団体は，この法律に規定する生涯学習の振興のための施策を実施するに当たっては，学習に関する国民の自発的意思を尊重するよう配慮するとともに，職業能力の開発及び向上，社会福祉等に関し生涯学習に資するための別に講じられる施策と相まって，効果的にこれを行うよう努めるものとする。

第三条（生涯学習の振興に資するための都道府県の事業）　都道府県の教育委員会は，生涯学習の振興に資するため，おおむね次の各号に掲げる事業について，これらを相互に連携させつつ推進するために必要な体制の整備を図りつつ，これらを一体的かつ効果的に実施するよう努めるものとする。
　一　学校教育及び社会教育に係る学習（体育に係るものを含む。以下この項において「学習」という。）並びに文化活動の機会に関する情報を収集し，整理し，及び提供すること。
　二　住民の学習に対する需要及び学習の成果の評価に関し，調査研究を行うこと。
　三　地域の実情に即した学習の方法の開発を行うこと。
　四　住民の学習に関する指導者及び助言者に対する研修を行うこと。
　五　地域における学校教育，社会教育及び文化に関する機関及び団体に対し，これらの機関及び団体相互の連携に関し，照会及び相談に応じ，並びに助言その他の援助を行うこと。
　六　前各号に掲げるもののほか，社会教育のための講座の開設その他の住民の学習の機会の提供に関し必要な事業を行うこと。
2　都道府県の教育委員会は，前項に規定する事業を行うに当たっては，社会教育関係団体その他の地域において生涯学習に資する事業を行う機関及び団体との連携に努めるものとする。

第四条（都道府県の事業の推進体制の整備に関する基準）　文部科学大臣は，生涯学習の振興に資するため，都道府県の教育委員会が行う前条第一項に規定する体制の整備に関し望ましい基準を定めるものとする。
2　文部科学大臣は，前項の基準を定めようとするときは，あらかじめ，審議会等（国家行政組織法（昭和二十三年法律第百二十号）第八条に規定する機関をいう。以下同

じ。）で政令で定めるものの意見を聴かなければならない。これを変更しようとするときも，同様とする。

第五条（地域生涯学習振興基本構想）　都道府県は，当該都道府県内の特定の地区において，当該地区及びその周辺の相当程度広範囲の地域における住民の生涯学習の振興に資するため，社会教育に係る学習（体育に係るものを含む。）及び文化活動その他の生涯学習に資する諸活動の多様な機会の総合的な提供を民間事業者の能力を活用しつつ行うことに関する基本的な構想（以下「基本構想」という。）を作成することができる。

2　基本構想においては，次に掲げる事項について定めるものとする。
　一　前項に規定する多様な機会（以下「生涯学習に係る機会」という。）の総合的な提供の方針に関する事項
　二　前項に規定する地区の区域に関する事項
　三　総合的な提供を行うべき生涯学習に係る機会（民間事業者により提供されるものを含む。）の種類及び内容に関する基本的な事項
　四　前号に規定する民間事業者に対する資金の融通の円滑化その他の前項に規定する地区において行われる生涯学習に係る機会の総合的な提供に必要な業務であって政令で定めるものを行う者及び当該業務の運営に関する事項
　五　その他生涯学習に係る機会の総合的な提供に関する重要事項

3　都道府県は，基本構想を作成しようとするときは，あらかじめ，関係市町村に協議しなければならない。

4　都道府県は，基本構想を作成しようとするときは，前項の規定による協議を経た後，文部科学大臣及び経済産業大臣に協議することができる。

5　文部科学大臣及び経済産業大臣は，前項の規定による協議を受けたときは，都道府県が作成しようとする基本構想が次の各号に該当するものであるかどうかについて判断するものとする。
　一　当該基本構想に係る地区が，生涯学習に係る機会の提供の程度が著しく高い地域であって政令で定めるもの以外の地域のうち，交通条件及び社会的自然的条件からみて生涯学習に係る機会の総合的な提供を行うことが相当と認められる地区であること。
　二　当該基本構想に係る生涯学習に係る機会の総合的な提供が当該基本構想に係る地区及びその周辺の相当程度広範囲の地域における住民の生涯学習に係る機会に対する要請に適切にこたえるものであること。
　三　その他文部科学大臣及び経済産業大臣が判断に当たっての基準として次条の規定により定める事項（以下「判断基準」という。）に適合するものであること。

6　文部科学大臣及び経済産業大臣は，基本構想につき前項の判断をするに当たっては，あらかじめ，関係行政機関の長に協議するとともに，文部科学大臣にあっては前条第二項の政令で定める審議会等の意見を，経済産業大臣にあっては産業構造審議会の意見をそれぞれ聴くものとし，前項各号に該当するものであると判断するに至ったときは，速やかにその旨を当該都道府県に通知するものとする。

7　都道府県は，基本構想を作成したときは，遅滞なく，これを公表しなければならな

い。
8　第三項から前項までの規定は，基本構想の変更（文部科学省令，経済産業省令で定める軽微な変更を除く。）について準用する。

第六条（判断基準）　判断基準においては，次に掲げる事項を定めるものとする。
　一　生涯学習に係る機会の総合的な提供に関する基本的な事項
　二　前条第一項に規定する地区の設定に関する基本的な事項
　三　総合的な提供を行うべき生涯学習に係る機会（民間事業者により提供されるものを含む。）の種類及び内容に関する基本的な事項
　四　生涯学習に係る機会の総合的な提供に必要な事業に関する基本的な事項
　五　生涯学習に係る機会の総合的な提供に際し配慮すべき重要事項
2　文部科学大臣及び経済産業大臣は，判断基準を定めるに当たっては，あらかじめ，総務大臣その他関係行政機関の長に協議するとともに，文部科学大臣にあっては第四条第二項の政令で定める審議会等の意見を，経済産業大臣にあっては産業構造審議会の意見をそれぞれ聴かなければならない。
3　文部科学大臣及び経済産業大臣は，判断基準を定めたときは，遅滞なく，これを公表しなければならない。
4　前二項の規定は，判断基準の変更について準用する。

第七条　削除

第八条（基本構想の実施等）　都道府県は，関係民間事業者の能力を活用しつつ，生涯学習に係る機会の総合的な提供を基本構想に基づいて計画的に行うよう努めなければならない。
2　文部科学大臣は，基本構想の円滑な実施の促進のため必要があると認めるときは，社会教育関係団体及び文化に関する団体に対し必要な協力を求めるものとし，かつ，関係地方公共団体及び関係事業者等の要請に応じ，その所管に属する博物館資料の貸出しを行うよう努めるものとする。
3　経済産業大臣は，基本構想の円滑な実施の促進のため必要があると認めるときは，商工会議所及び商工会に対し，これらの団体及びその会員による生涯学習に係る機会の提供その他の必要な協力を求めるものとする。
4　前二項に定めるもののほか，文部科学大臣及び経済産業大臣は，基本構想の作成及び円滑な実施の促進のため，関係地方公共団体に対し必要な助言，指導その他の援助を行うよう努めなければならない。
5　前三項に定めるもののほか，文部科学大臣，経済産業大臣，関係行政機関の長，関係地方公共団体及び関係事業者は，基本構想の円滑な実施が促進されるよう，相互に連携を図りながら協力しなければならない。

第九条　削除

第十条（都道府県生涯学習審議会）　都道府県に，都道府県生涯学習審議会（以下「都道府県審議会」という。）を置くことができる。
2　都道府県審議会は，都道府県の教育委員会又は知事の諮問に応じ，当該都道府県の処理する事務に関し，生涯学習に資するための施策の総合的な推進に関する重要事項を調査審議する。

3　都道府県審議会は，前項に規定する事項に関し必要と認める事項を当該都道府県の教育委員会又は知事に建議することができる。
4　前三項に定めるもののほか，都道府県審議会の組織及び運営に関し必要な事項は，条例で定める。
第十一条（市町村の連携協力体制）　市町村（特別区を含む。）は，生涯学習の振興に資するため，関係機関及び関係団体等との連携協力体制の整備に努めるものとする。

学校の系統図（平成28年度『文部科学統計要覧』を参考にして一部変更）

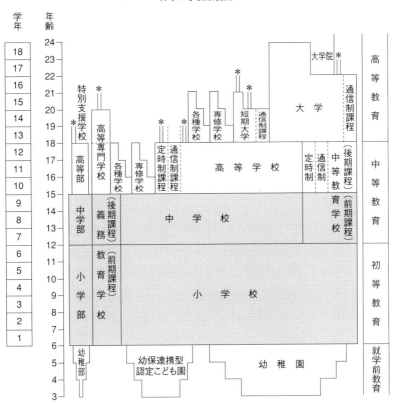

日本の学校系統図

(注) (1) ▒▒▒部分は義務教育を示す。
(2) ＊印は専攻科を示す。
(3) 高等学校、中等教育学校後期課程、大学、短期大学、特別支援学校高等部には修業年限1年以上の別科を置くことができる。
(4) 幼保連携型認定こども園は、学校かつ児童福祉施設であり0〜2歳児も入園することができる。

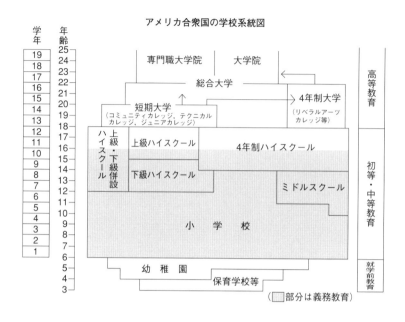

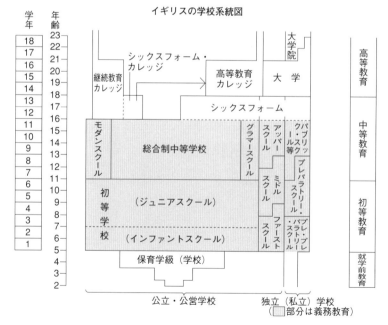

学校の系統図　*147*

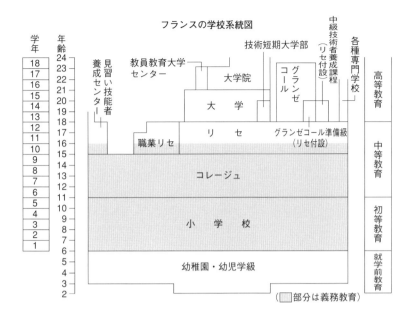

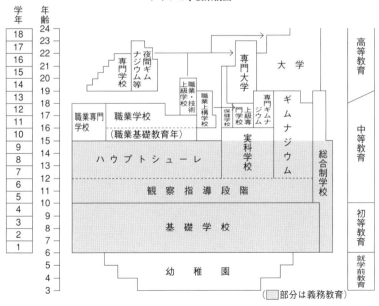

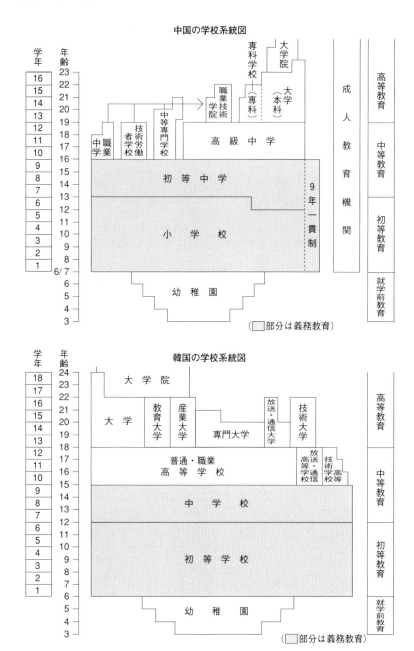

人名索引

A

赤井米吉　*59*
Aleksandros　*23*
Amala　*3*
Ariès, Ph.　*45, 46*
Aristoteles　*5, 22, 27*
在原行平　*48*
足利義兼　*49*
麻生誠　*110*

B

Bacon, F.　*28*
Basedow, J. B.　*70*
Bell, A.　*70*
Bentham, J　*71*
Bettelheim, B.　*3*
Bloom, B. S.　*78, 85, 87*
Boccaccio, G.　*27*
Boissonade, G. E.　*55*
Brueghel, P.　*45*
Bruner, J. S.　*78, 79*
Burckhardt, J.　*27*

C

Calvin, J.　*29*
Campe, J. H.　*68*
Cicero, M. T.　*24*
Columbus, C.　*24*
Comenius, J. A.　*29-32, 68, 70, 75, 77, 91*
Condillac, E. B. d.　*32*
Condorcet, M. J. A. N. d. C.　*34, 101*

D

d'Alembert, J. L. R.　*32*
Dante Alighieri　*27*
Delors, J.　*110*
Descartes, R.　*39*
Dewey, J.　*5, 16, 40, 41, 72*
Diderot, D.　*32*
Dilthey, W.　*6*
道元　*48*

E

栄西　*48*
叡尊　*49*
Erasmus, D.　*27, 28, 30*

F

Faure, E.　*110*
Fenollosa, E. F.　*58*
Fichte, J. G.　*38, 75*
Friedrich　*1*
Fröbel, F. W. A.　*38, 41, 59, 91*
藤原冬嗣　*47*
福澤諭吉　*51, 53, 58*

G

Gehlen, A.　*5*
Gesell, A. L.　*11*
Gregorius　*26*

H

波多野完治　*109*
Hausknecht, E.　*77*
Havighurst, R. J.　*4*

林羅山　*51*
Hegel, G. W. F.　*36, 39*
Heinrich　*26*
Herbart, J. F.　*73-77*
Herder, J. G. v.　*5*
Hērodotos　*1*
Heusinger, J. H. G.　*70*
広瀬淡窓　*51*
Hobbes, T.　*31*
北条早雲　*50*
法然　*48*
堀薫夫　*110*
細谷俊夫　*65*
穂積八束　*55*
Huizinga, J.　*19*
Humboldt, A. v.　*39*
Humboldt, K. W. v.　*39*
Hume, D.　*31*
Husserl, E.　*90*
Hutchins, R. M.　*110*

I
池田光政　*51*
池坊専慶　*49*
井上毅　*59*
一遍　*49*
石田梅岩　*52*
石上宅嗣　*48*
Itard, J. M. G.　*2,3*
伊藤仁斎　*51*
伊藤博文　*53, 59*

J
James　*1*
James, W.　*39*
Jensen, A. R.　*12*
荀子　*69*
淳和天皇　*48*

K
貝原益軒　*52*
Kamala　*3, 4*
金沢実時　*49*
桓武天皇　*47*
Kant, I.　*35, 36, 67, 75, 90*
河野重男　*89*
Key, E.　*41*
城戸幡太郎　*59, 70*
Kilpatrick, W. H.　*72*
木村素衞　*10*
小林勝人　*7*
児島邦宏　*89*
近衛文麿　*59*
Krupskaya, N. K.　*42*
空海　*48*
倉橋惣三　*42, 59, 70*
空也　*48*

L
la Fontaine, J. d.　*111*
La Salle, J. B.　*70*
Lancaster, J.　*71*
Lave, J.　*81*
Lengrand, P.　*108-110*
Lenin, V. I.　*42*
Locke, J.　*67*
Louis XVI　*34*
Luther, M.　*29*

M
Makarenko, A. S.　*42*
真野宮雄　*101*
松永尺五　*51*
McLuhan, M.　*96, 97*
明治天皇　*55*
Melanchton, Ph.　*29*
Montaigne, M. E. d.　*28, 31*
Montesquieu, C. d.　*31*

Montessori, M.　*42, 91*
文武天皇　*47*
More, T.　*28*
森有礼　*54, 57*
諸橋轍次　*6*
Morrison, H. C.　*73*
孟子　*69*
元田永孚　*53*
村田珠光　*49*
Murray, D.　*53*

N
中江藤樹　*51, 52*
中野照海　*96*
Napoléon Bonaparte　*39*
Natorp, P.　*5*
夏目漱石　*59*
日蓮　*49*
新島襄　*58*
二宮尊徳　*52*
忍性　*49*
Nirje, B.　*105*
西田利貞　*10*

O
小原圀芳　*59*
Odoacer　*24*
緒方洪庵　*51*
Ogburn, W. F.　*3*
岡倉天心　*58*
岡本英明　*16*
Okon, W.　*77*
大久保利通　*59*
大隈重信　*58*
Owen, R.　*41, 42*

P
Parkhurst, H.　*73*
Pascal, B.　*19*

Peirce, C. S.　*39*
Pestalozzi, J. H.　*37-39, 42, 67, 75*
Petrarca, F.　*27*
Pinel, Ph.　*2*
Platōn　*22, 23, 90*
Portmann, A.　*4, 5*
Protagoras　*21*
Psammetichos　*1*

Q
Quintilianus, M. F.　*24*

R
Ratke, J.W.　*29, 77, 91*
Rein, W.　*76*
Rink, F.T.　*36*
Romulus Augustulus　*24*
Rosenthal, R.　*88*
Rousseau, J.-J.　*28, 31-34, 36, 37, 42, 67-69*

S
嵯峨天皇　*47*
最澄　*48*
佐藤学　*66*
澤柳政太郎　*59*
Schleiermacher, F. E. D.　*67*
Seguin, E. O.　*42*
Shaw, G. B.　*88*
Siebold, P. F. v.　*51*
Singh, J. A. L.　*3*
篠原助市　*9*
親鸞　*48*
Skinner, B. F.　*94*
Sokrates　*22, 66*
Spranger, E.　*9*
Stern, W.　*11*
Stuve, J.　*70*
菅原清公　*48*
菅原道真　*48*

鈴木三重吉　*59*
聖徳太子　*46*

T
橘嘉智子　*48*
武田信玄　*50*
田中不二麿　*53*
天智天皇　*46*
徳川家光　*51*
徳川綱吉　*51*
Tyler, R. W.　*78*
重源　*48*

U
上杉憲実　*49*

V
Victor　*2, 3*
Vives, J. L.　*28*
Vygotsky, L. S.　*79*

W
和田修二　*17*
和気清麻呂　*47*
和気広世　*47*
Washburne, C. W.　*73*
Watson, J. B.　*11*
Wenger, E.　*81*
Wolke, C. H.　*70*

Y
山鹿素行　*52*
山上憶良　*45, 46*
山本鼎　*59*
吉田松陰　*51*
唯円　*48*

Z
世阿弥　*49*
Ziller, T.　*76, 80*

事項索引

あ
ICT　*98*
アカデメイア　*22*
アサインメント　*73*
足利学校　*49*
アテネ　*20, 21*
一斉指導学習　*82*
『一般教育学』　*76*
イデア論　*22*
遺伝　*11-13*
『隠者の夕暮』　*37*
ヴァージニア・プラン　*80*
ウィネトカ・プラン　*73*
ウニヴェルシタス　*25*
SNS　*98*
NIE　*97*
『エミール』　*31, 33, 68*
往来物　*50*
OHP　*93*
被仰出書　*53, 121*

オペラント条件づけ　94
恩物　38, 91

か
開発主義　67
学習　5, 11, 13, 16, 70-74, 78-85, 107, 108, 110-115
　──指導　65, 75, 77
　──指導要領　60, 81, 85, 86, 90, 92, 105
　『──社会論』　110
　『──：秘められた宝』　110
学制　53, 55, 121
学問中心カリキュラム　79
『学問のすゝめ』　53, 58
可塑性　5
課題中心学習　84
学級経営　90
学校教育法　60, 63, 92, 102, 104, 107, 126
学校経営　89
学校の法的定義　102
金沢文庫　49
神の似姿　9, 26
カリキュラム（教育課程）　66, 74, 78-81
カリフォルニア・プラン　80
カロカガティア　21
環境　10-12, 41, 42, 45
完全習得学習　78, 87
騎士　26
義務制　103
教育
　──委員会　61, 62
　──基本法　60, 102-104, 107, 114, 115, 122, 123
　──経営　89
　──されるべき人間　36, 67
　──制度　52, 101, 103
　──長　62
　──勅語　55, 59, 122
　『──に関する考察』　31

　『──の過程』　78
　──の機会均等　78, 103
　──の必要性　3-6, 67
　──方法　42, 65, 68
　──令　53
　──を受ける権利　102-106
郷学　51
教学聖旨　53
教科書　30, 50, 79, 92
教授　8, 65, 75-78, 90, 91
キンダーガルテン　38, 41
経験　11, 16, 31, 33, 40, 72, 78-81
敬虔主義　69
経済協力開発機構（OECD）　111
形式陶冶　67
継続教育　113
啓蒙　32, 34, 35
原罪　24, 69
顕在的カリキュラム　81
コア・カリキュラム　80
公教育　34, 52, 101-103
行動遺伝学　12
国定教科書　57
国民学校　60
五山　49
五段階教授説　76
『国家』　22
「子どもから」　72, 77
子どもの誕生　45
『〈子供〉の誕生』　45
子どもの発見者　33, 68
コレクチーフ　42

さ
最近接領域　13, 79
作善　48
三院　48
三科　25
シークエンス　80

四学　25
子宮外胎児　4
私教育　101
司教座聖堂付属学校　25
私塾　51
自然人　33
持続可能な社会　115
七自由科　23, 68
七大私学　48
視聴覚　93, 95-97
実験学校　40, 72
実質陶冶　67, 68
『児童の世紀』　41
師範学校　54, 57
社会教育　101, 102, 106-108
社会人　33
社会人教育　113
自由学習　85
宗教改革　27-30
習熟度別学習　82
修道院学校　25
朱子学　50
生涯学習局　113
生涯教育(学習)　106-115
小学校　54, 56, 60, 102
　——令　54, 56, 59
消極教育　33, 68
昌平坂学問所　51, 52
情報モラル　98-99
助教　47, 70
贖罪　24
助産(産婆)術　22, 67
自律　32
新教育　41, 59, 72, 77
尋常小学校　54-56
新人文主義　35, 39
人文主義　27, 29, 34
進歩　32
　——主義教育　40, 72

スコープ　80
スコラ学　25
スパルタ　20
スプートニク・ショック　78, 80
3R's　51, 73
生　35
性悪説　69
性格形成学園　41
成熟　5, 11, 79
性善説　33, 69
正統的周辺参加論　81
生理的早産　4
『世界図絵(可感界図示)』　30, 91
積極教育　68
絶対評価　86
潜在的カリキュラム　81
選択課題学習　84
総合的な学習の時間　80
相互作用説(環境閾値説)　12
相対評価　86
ソフィスト　21, 66

た
大学　25, 49, 54, 58, 143
大学寮　46, 47
『大教授学』　30
第二の自然　5
大日本帝国憲法　55
タイラーの原理　78
タブラ・ラサ　31
タブレット端末　94
単線型　61
知能指数(IQ)　12, 88
中心統合法　76, 80
中世　24
注入主義　66
中立性　103
直観　30, 33, 75, 77-79, 90, 91
TT(チームティーチング)　83

定言命法　*14*
適時性　*4*
寺子屋　*51*
電子黒板　*94*
道　*49*
道具主義　*40*
到達度診断　*12*
陶冶財　*9*
ドルトン・プラン　*73*
ドロール・レポート　*110*

な
人間性　*2, 10, 27, 35, 38, 41, 63, 79*
『人間知性論』　*31*
人間中心カリキュラム　*79*
『人間の教育』　*38*
ノーマライゼーション　*105*

は
パイダゴーゴス　*21*
パイデイア　*8*
発達　*4, 9-13, 33, 79*
　——課題　*4*
パノプティコン　*71*
パフォーマンス評価　*86-87*
パブリック・スクール　*26*
ハロー効果　*89*
汎愛主義　*70*
藩校(藩学)　*50*
反転学習　*94*
ピグマリオン効果　*88*
『百科全書』　*32*
評価　*78, 85-88*
ビルドゥング　*8, 9, 67*
敏感期　*4, 42*
品性の形成　*75*
フォール・レポート　*110*
複線型　*61*
輻輳説(二要因説)　*11*

仏性　*48*
プラグマティズム　*39*
プログラム学習　*94*
プロジェクト・メソッド　*72*
文化　*5, 9-12, 27, 34, 76, 102, 104, 106, 107*
分岐型　*61*
分掌　*89*
ヘイロタイ　*20*
ポートフォリオ　*86, 87*
ホモ・サピエンス　*10*
ポリス　*20*
　——的な動物　*5, 23*
ポリテフニズム　*42*

ま
未熟性　*5*
民主主義　*5, 40, 41, 72*
『民主主義と教育』　*5, 40*
無償制　*103*
明治教科書疑獄事件　*57*
メディア　*82, 93, 95-97*
目的　*14-17, 31, 33, 40, 53, 55, 60, 72, 75, 87, 89, 90, 101, 113*
目的的行為論　*14*
目標　*14-17, 21, 53, 60, 64, 78, 80, 85, 86, 89, 90*
モニトリアル・システム　*70*
モリソン・プラン　*73*
問題解決　*16, 41, 73, 79*
モンテッソーリ・メソッド　*42, 92*
モンテッソーリ教具　*42, 92*
問答法　*22, 66*

や
野生児　*1-3*
有用主義　*40*
ユネスコ　*95, 104, 108, 110*
四段階教授説　*76*

ら

リカレント教育　*111, 112*
リフレッシュ教育　*112*
リュケイオン　*23*
リンカーン・スクール　*72*

臨界期　*4*
ルーブリック　*87*
ルネサンス　*27, 30*
レディネス　*11, 87*
ロマン主義　*35*

著者紹介

相澤伸幸（あいざわ　のぶゆき）
京都教育大学 教育学部 教授
博士（教育学）
主著に『考える道徳教育 「道徳科」の授業づくり』（共編著，福村出版，2018年）
『道徳教育のキソ・キホン』（共編著，ナカニシヤ出版，2018年）
『教育的思想の歩み』（共著，ナカニシヤ出版，2015年）
『学校教育と道徳教育の創造』（共著，学文社，2010年）

教育学の基礎と展開 ［第3版］

2015年 2月25日　第3版第1刷発行　　定価はカヴァーに表示してあります
2025年 4月20日　第3版第10刷発行

　著　者　相澤伸幸
　発行者　中西　良
　発行所　株式会社ナカニシヤ出版
　〒606-8161 京都市左京区一乗寺木ノ本町15番地
　　　　　　Telephone　075-723-0111
　　　　　　Facsimile　075-723-0095
　　　　Website　http://www.nakanishiya.co.jp/
　　　　Email　iihon-ippai@nakanishiya.co.jp
　　　　　　郵便振替　01030-0-13128

装幀＝白沢　正／印刷＝ファインワークス／製本＝新日本製本
Copyright © 2006, 2007, 2015 by N. Aizawa
Printed in Japan.
ISBN978-4-7795-0898-1